ÊTRE
PRÉSENT

PRENEZ EN MAIN VOS HABITUDES DIGITALES

ÊTRE
PRÉSENT

PRENEZ EN MAIN VOS HABITUDES DIGITALES

Gabriel Pitt

MASTER
YOUR
DIGITAL
HABITS®

Éditions FGP

À Lucky

Remerciements

Alicia, Lucie, Sandrine, Mami, Bert, Mars, La famille, Anthony, Isabelle, Sarah, Isaline, Loane, Maëlle, Nathan, Jacques, Yolande, Jocelyne, Poupounou, Martine, Audrey, Jocelyn, Greg, Stéphane, Lisa, Marie Anne Zoé, Benny, Coco, Sebastian, Evelien, César, Melanie, Pepin, Cindy, Jazz, Guil, Nicole, Luc, Jean-Mi, Delphine, Jean-Jacques, Flavia, Poille, Jess, Patz, Marie-Catherine, Leo, Nicostupa, Marina, Mehdi, Valentine, Nicole, Madwave, Lucien, Dona, Joakim, Frédéric, Lucie, Selma, Alain, Marc, Anthony, Antho, Jan, Keiichi, Michelle, Franck, Thierry, Aude, Daniel, Jean-Marc, Donata, Guy, Jérémy, Nicolas, Cédric, Eloïse, Duff, Marc, Xavier, Noémie, Nicolas, Benjamin, Yves, Ilana, John, Jean-Marc, Lucien, Céline, Thilo, Alex, Boa, Steve, Céline, Jessica, Anthony, Alex vR, Lucie, Barbara, Pascal, Andrea, Florian, William, Franck, Olivier, Sébastien, Myriam, Daniel, Caroline, Guillaume, Vince, LS, Nikita, Marco, Garance, Lucien, Marco, Garen, Franziska, Ludo, Floria, Franck, Jigi, Silvana, Justin, Matthieu, Andrea, Emma, Veronika, Lena, Jenny, Tenya, Frédéric, Tom, Luliana.

Et finalement, les personnes les plus importantes : vous qui lisez cet essai et qui prenez de votre temps pour le découvrir.

Peut-être le partagerez-vous avec vos proches ?

Avant-propos

Ce livre est un objet particulier. Il s'agit d'un objet transmédia que vous pouvez vous approprier selon vos préférences et envies.

Nous vous proposons une courte vidéo explicative grâce au code QR à scanner ci-dessous.

À tout de suite!

Pour agrémenter votre expérience de lecture, j'ai préparé des musiques et sons spécialement pour vous.

Pour une expérience des plus confortables et optimales, nous vous recommandons de découvrir cet essai dans votre salon et d'éviter votre chambre à coucher.

Si d'aventure, vous désiriez explorer la signification de mots techniques ou d'origine anglophone, vous pouvez les retrouver dans le glossaire qui se trouve page 173.

Certaines vidéos dans ce livre sont en anglais. Pour votre confort, nous vous recommandons d'activer le sous-titrage et de choisir le français.

À propos

En 2018, je participais à un concert et je prenais quelques photos avec mon smartphone afin d'immortaliser ce moment. Un geste banal de nos jours. Pourtant, cette action fut tout sauf anodine ! Elle avait déclenché en moi l'envie de comprendre un phénomène... Cette photo, vous la connaissez, c'est celle de la page ci-contre.

Je n'arrivais pas à me détacher de cet enfant qui ne participait pas à cette expérience musicale. Seul, entouré de la foule, il était absorbé par son écran.

Il me fallait savoir ! Cela devint une obsession. À chacune de mes rencontres, j'en discutais. Je m'apercevais vite que mes interlocuteurs avaient une histoire à me raconter à ce sujet. Comme ce père d'un enfant de deux ans qui n'arrivait plus à lui reprendre sa tablette des mains et qui avait ressenti une grande délivrance lorsque l'enfant l'avait cassée. Cette mère d'adolescent qui devait se battre avec son fils pour qu'il respecte les temps d'utilisation imposés, alors qu'elle n'avait jamais eu à limiter son temps de football avec ses copains. Des échanges avec des trentenaires qui sentaient que quelque chose n'allait pas, mais n'arrivaient pas à en cerner la raison. Mes observations au quotidien dans les transports, en ville, au restaurant, sur les places de jeux, sur mon lieu de travail. Ma propre expérience, bien sûr ! J'observais les notifications qui me coupaient dans mon élan, la sensation de devoir toujours répondre aux sollicitations des messageries instantanées, ou encore cet exercice impitoyable de devoir gérer trop de messageries différentes. Toute cette pression finit par m'interpeller.

Doté d'une nouvelle énergie, je me suis intéressé aux protagonistes du domaine, comme Tristan Harris ou Sherry Turkle. Je me suis formé pour devenir un expert certifié en bien-être digital.

Vous, qui avez ce livre entre les mains, ne vous sentez pas coupable de votre utilisation des outils digitaux. La technologie fait et fera partie de notre monde. Elle évolue à grande vitesse. Des biais cognitifs, nos vulnérabilités humaines, sont utilisés à la perfection afin d'exploiter au maximum notre temps pour que nos yeux soient rivés en permanence sur les écrans. Cela dit, dès à présent, nous pouvons changer nos habitudes digitales, prendre le contrôle de notre attention pour booster nos vies, réaliser nos rêves et maîtriser cette technologie qui nous entoure.

Et si finalement, dans le monde moderne, la vraie richesse résidait dans le fait d'être déconnecté ? C'est la nouvelle tendance !

Bonne lecture.

Table des matières

Introduction

« La modernité, ce n'est pas d'être moderne.
C'est d'être de son temps. »

Charles AZNAVOUR, artiste

Ce livre est une réaction à plusieurs constatations que nous avons pu faire, vous comme moi, depuis quelques années... Il se veut être un électrochoc au sujet de nos comportements digitaux.

Souhaitons-nous être bien présents dans notre réalité ou absents, absorbés par nos écrans ?

Désirons-nous être actifs et prendre en main notre destin digital ou passifs ?

Voulons-nous être maîtres de notre avenir et dompter les codes ainsi que les évolutions du monde ou être au service des algorithmes, des *data* et finalement de la technologie ?

Enfin, ne recherchons-nous pas tous le bien-être au quotidien ? Un bien-être qui est non seulement celui du corps et de l'esprit, par l'alimentation, le sport et tant d'autres choses, mais aussi désormais un bien-être digital ? Une nouvelle harmonie reste à mettre en place entre nous et les technologies numériques.

L'objectif de cet essai est aussi de vous apporter des premières pistes afin de prendre en main votre avenir numérique. De trouver une harmonie entre vous, votre vie intérieure et votre vie extérieure liées de plus en plus à l'interaction digitale. Et, si vous le souhaitez, de parcourir les bons chemins pour vous accomplir. Il va de soi que nous avons besoin d'un guide, aussi humble soit-il.

Nous avons tous pris certaines habitudes digitales. Le numérique nous a pris de court. Les nouvelles technologies nous ont envahis, avec ou sans notre consentement, par obligation professionnelle ou sociale, ou encore par goût de la nouveauté. Nous avons des tablettes, des smartphones, des ordinateurs, des télévisions, des téléphones fixes, des montres connectées, des consoles de jeux vidéo et bientôt, des réfrigérateurs intelligents. Sans oublier la domotique ; autrement dit, des maisons entièrement connectées, de nos ampoules à nos volets, en passant par nos toilettes. Cela fait beaucoup ! En si peu de temps.

Il est ainsi compréhensible que nous nous sentions submergés, dépassés. Nous avons à peine le temps de maîtriser une technologie qu'une nouvelle arrive. De plus, les applications poussent comme des champignons, de nouveaux médias sociaux nous incitent à nous connecter toujours davantage, pour nous maintenir à la pointe de la modernité et rester dans le coup. À quand l'iPhone de la saison automne-hiver, avant le printemps-été ? Ces habitudes, nous les transmettons aussi bien à notre entourage, à nos collègues, qu'à nos enfants.

Ce n'est pourtant pas de notre faute, après tout. Nous ne faisons que vivre dans notre monde. Nous sommes soumis au présent, aux avancées d'une société toujours en mouvement, à la recherche de croissance. C'est le principe même de l'existence. Toutefois, nous pouvons améliorer nos usages, nous pouvons mieux dominer le temps consacré à ces technologies. Somme toute, nous pourrions maîtriser ces nouveaux outils comme nos aïeux ont appris à contrôler le feu. Ce qui est loin d'être facile.

Mais plus encore, cet ouvrage a vocation à vous donner des éléments de réflexion et actions afin de retrouver, en quelque sorte, votre liberté d'être et de faire. Nous souhaitons aussi prendre du recul et, si nous le pouvons, y apporter un peu d'humour... Il ne s'agirait pas de vous angoisser comme le ferait une notification bancaire.

Depuis les années 1960, la technologie a de plus en plus d'emprise sur nos vies. De façon exponentielle, elle se rapproche, aliène nos corps. Elle nous touche littéralement. Prenons seulement l'exemple des écouteurs qui nous connectent à notre téléphone – ou baladeur MP3 pour les plus anciens d'entre nous – jusqu'à officialiser le nom d'une génération, la génération Y, en référence à leur forme.

Ce qu'il faut comprendre, c'est que la technologie est une révolution anthropologique. Elle est à l'origine de nouveaux fonctionnements sociétaux et individuels. Il suffit, pour s'en rendre compte, de constater sa vitesse de développement inégalée dans notre civilisation. Prenons l'exemple d'un ordinateur IBM conçu en l'an 1960 à l'usage de la défense américaine, lequel est incomparablement moins puissant qu'un smartphone actuel.

Au XXIᵉ siècle, les produits technologiques représentent une mine d'or pour de nombreuses entreprises. C'est la ruée vers la data! Chaque seconde de votre attention est un véritable trésor[1]. Les dix plus grandes entreprises mondiales de ce secteur ont réussi, en l'espace d'une vingtaine d'années, à créer autant de valeur que l'Europe l'a fait en 200 ans. Elles représentent, par ailleurs, la même valeur que le produit intérieur brut total de l'Union européenne. Elles sont devenues de véritables acteurs étatiques avec un pouvoir économique et social indiscutable. Certaines de ces entreprises, qui n'existaient pas encore il y a vingt ans, ont dépassé en bourse des industries qui ont mis un siècle à se construire.

Toutefois, ces valeurs restent à relativiser si nous prenons en compte l'effet « bulle financière » que ces entreprises engendrent. Ces nouveaux empires financiers ne se sont pourtant pas érigés fortuitement. Justement, ils ont utilisé les diverses connaissances concernant notre psychisme, nos comportements ou encore nos biais cognitifs dans le but d'accroître leur emprise sur notre temps. Notre système cérébral a les défauts de ses qualités. Notre attention et notre curiosité sont des proies faciles. Le temps de cerveau disponible est un marché fructueux pour ces nouvelles multinationales.

Néanmoins, certains acteurs de cette industrie comme Tristan Harris, Jaron Lanier, ou Jony Ive ont choisi un autre chemin. Ils tentent de sensibiliser les États et les acteurs du marché de la technologie, lancent des initiatives pour améliorer leur éthique lors de la conception de nouveaux logiciels, ce qui est tout à leur honneur. Toutefois, le mal est fait et mettra du temps à se résorber. Car ce mal a plusieurs visages et nous allons, dans ce livre, tenter de les démasquer.

En voici quelques aspects afin d'en prendre conscience et, ensuite, de pouvoir les affronter. Toujours dans la bienveillance, bien entendu.

Se poser les bonnes questions

Voulons-nous que nos enfants ratent des apprentissages essentiels et fondamentaux dans leur développement personnel tels que celui de la parole, de la micromotricité ou de leur compréhension du monde extérieur ? Qu'ils ignorent comment concentrer leur attention sur des objectifs à long terme, dont la récompense n'arriverait pas rapidement, si ce n'est automatiquement, à cause de la surstimulation que leur apportent les écrans ?

Souhaitons-nous que les êtres les plus chers à nos yeux découvrent les plaisirs et les bienfaits de la nature, la joie des moments familiaux en promenade ? Au contraire, voulons-nous qu'ils soient dans l'illusion qu'être enfermés seuls dans leur chambre à se connecter avec des inconnus constitue un instant d'amitié réelle et sincère ? Pire encore, désirons-nous qu'ils se sentent de plus en plus mal dans leur corps et tombent même en dépression, à force de se comparer à ceux et celles qui postent leur vie cool et flamboyante sur les médias sociaux? Ou alors, à en devenir myopes, tant les écrans les ont déshabitués à regarder au loin? À en perdre le sommeil? À penser qu'il leur faut faire de la chirurgie esthétique afin de ressembler à leurs selfies dont la photo originale a été filtrée par des applications, supprimant tout défaut visible de leur figure[2]?

Quant à nous, n'avons-nous pas nos propres rêves à réaliser plutôt que de perdre notre précieux temps à regarder les autres les réaliser à notre place? Nos hobbies, nos passions, nos curiosités ne sont-ils pas suffisamment riches pour ne pas nous laisser guider par des algorithmes qui tournent en rond? Les exemples sont infinis, nous allons nous arrêter là. Cependant, je suis certain que vous pouvez continuer cette liste à votre aise.

Imaginons maintenant que ces quatre heures passées quotidiennement en moyenne sur nos écrans soient utilisées et investies dans une activité qui compte vraiment pour nous. En une année, cela représente environ 1 500 heures, soit 2 mois entiers. À l'échelle de notre vie, ce serait un total de 10 années passées sur nos écrans. Si nous faisions seulement l'effort de diviser ce temps par deux, cela nous libérerait 750 heures par an. De quoi construire de nombreuses cabanes dans la forêt avec nos enfants. Ou bien, nous pourrions lire un certain nombre de grands classiques littéraires, devenir un as de la cuisine, améliorer notre technique dans notre sport préféré, apprendre une nouvelle langue, faire du bénévolat avec nos anciens.

Tout est possible à condition qu'on s'en donne le temps. Malheureusement, nous ne pouvons changer la marche des choses. Les industries du numérique continueront de vouloir augmenter leurs bénéfices et de s'approprier toujours plus de nouveaux marchés, donc, d'accaparer plus de notre temps d'attention. Les États ne pourront pas endiguer cette accélération, sachant que les enjeux financiers sont bien trop importants, voire capitaux pour la croissance.

Toutefois, nous pouvons tous, individuellement et collectivement, apprendre à mieux utiliser ces outils de la modernité et développer de bonnes habitudes, respectueuses de notre bien-être. Les États tentent d'ajouter dans le cursus scolaire une éducation au digital et aux médias, ce qui est très louable. Cela dit, tout est allé tellement vite que le chemin à parcourir est encore long.

Quant aux professeurs, pétris des meilleures intentions, ils n'ont malheureusement pas encore bénéficié de toutes les formations leur permettant de transmettre le bon usage de ces nouveaux outils à leurs élèves. Une situation pour le moins kafkaïenne, à laquelle l'administration essaie de remédier du mieux qu'elle peut.

Ainsi, il s'agit de nous aider à mieux comprendre comment le numérique fonctionne, aussi bien sur notre esprit que sur notre corps. Comment pouvons-nous améliorer notre utilisation, nos comportements vis-à-vis de la technologie, pour finalement profiter pleinement de toutes les richesses que la vie terrestre peut nous offrir ? Restituons à ces nouveaux outils leur réel objectif : servir l'humain et non se servir de l'humain, redevenir terriens.

Tout ceci n'est qu'une question de volonté. Pour réaliser nos rêves, il suffit de ne plus regarder ceux des autres...

Première partie

Au commencement

« Savoir pour prévoir, afin de pouvoir. »

Auguste COMTE, philosophe

Chapitre 1
Au temps des cerises

« Quand nous chanterons le temps des cerises,
Et gai rossignol, et merle moqueur
Seront tous en fête
Les belles auront la folie en tête
Et les amoureux, du soleil au cœur
Quand nous chanterons le temps des cerises
Sifflera bien mieux le merle moqueur. »

Jean-Baptiste CLÉMENT, artiste

La vie terrestre, parlons-en! Il se peut que, tout comme moi, vous ayez grandi dans la vaste nature. Me concernant, j'ai passé toute mon enfance dans un petit village suisse du canton de Vaud. Dans les années 1990, cette commune comportait à peine 600 habitants. Tout le monde ou presque se connaissait, on ne pouvait que difficilement ne pas s'y croiser. Mon père était agriculteur et nous habitions à la ferme. Une enfance champêtre, à courir dans les bois et les plaines, à construire des cabanes, s'occuper des animaux ainsi que donner un coup de main à la ferme. En matière d'enfance joyeuse et insouciante, on ne fait pas mieux.

À la maison, nous n'avions pas Internet. Car Internet n'existait pas, du moins pas pour les particuliers. Nous avions, comme la majorité des Occidentaux de l'époque, une télévision, une radio et un téléphone fixe. Le téléphone nous servait principalement à prendre des nouvelles de notre famille, la radio à nous tenir au courant des actualités et la télévision, quant à elle, n'était pas toujours allumée. On l'utilisait avec parcimonie, à savoir pour regarder le sport le dimanche soir ou le *Club Dorothée* et ses nombreux dessins animés (*Les Schtroumpfs*, *Goldorak*, *Les Chevaliers du Zodiaque*, *Astro, le petit robot*, etc.). À croire que l'on nous préparait déjà à la fibre technologique.

Toutefois, ce qui a réellement rythmé ma jeunesse, c'est le monde extérieur. Nous avions, avec mes camarades, un rendez-vous secret. Secret non pas parce qu'il n'était pas dévoilé ou connu, mais parce qu'il était « non dit ». Dès qu'il faisait beau, après les devoirs en semaine ou alors le week-end, tous les jeunes du village se précipitaient sur la place du collège afin de s'y retrouver. À part les grands jours de pluie, où on y voyait seulement des escargots et des grenouilles, il y avait forcément quelqu'un, c'était assuré. Cette place, pour les yeux d'un enfant, était extraordinaire. Elle était grande, équipée de paniers de basket, avec l'atout de pouvoir y installer un filet de tennis. Nous passions ainsi des heures à tester tous les jeux possibles et concevables dont un imaginaire d'enfant pouvait rêver. Autant dire que cela faisait beaucoup d'activités : hockey, rink-hockey, skateboard, roller, jeux de balle et tant d'autres.

Encore aujourd'hui, lorsque je rends visite à ma mère, je peux me remémorer ces moments joyeux de mon enfance et je vous invite à découvrir cet endroit grâce à ce code QR.

Cette époque n'est pas encore tout à fait révolue. Cependant, c'était celle où nous n'avions pas besoin de nous prévenir, de nous donner rendez-vous en utilisant un moyen de communication électronique. Pas de téléphones ni de smartphones. Nous avions simplement la pleine confiance que si le soleil était de la partie, quoi qu'il arrive, un, deux, trois ou plus de nos amis seraient naturellement au rendez-vous sur la grande place du collège. Pas de SMS, pas d'événement Facebook, juste des baskets pour courir au plus vite jusqu'au centre du village! Quant à nos parents, ils n'avaient nul besoin de nous confier un téléphone mobile pour nous appeler et nous communiquer l'heure à laquelle il nous fallait revenir à la maison. Nous rentrions par nous-mêmes, lorsque le soleil se couchait et que les lumières du soir déclinaient.

Il en était de même avec le football. À cette période, excepté ce sport, les activités extrascolaires ne couraient pas les rues. Dès lors, tous les enfants du village pratiquaient le football. Dès l'âge de douze ans, nous avions jusqu'à trois entraînements par semaine, sans oublier le match du week-end. Cela a largement rythmé ma jeunesse ainsi que celle de mes camarades. Un peu comme l'apéro du dimanche pour les anciens, où tout le monde se retrouvait aux alentours d'onze heures à l'auberge communale. Une aubaine pour créer du lien social et de la cohésion au sein du village.

Je me souviens de ces années de ma vie comme d'une période d'insouciance au sein d'une communauté où chacun se sentait à sa place. Pour moi, le "temps des cerises" que Jean-Baptiste Clément a si poétiquement décrit reflète l'esprit de cette époque. Si vous avez grandi à l'époque où les smartphones n'existaient pas encore, il se peut que vous vous souveniez de quelque chose de similaire en vous remémorant votre enfance.

Certes, j'ai grandi à la campagne, alors que vous avez peut-être grandi dans une grande ville. Votre version du "temps des cerises" était peut-être très différente de la mienne. Mais la chose la plus importante que votre enfance et la mienne ont probablement en commun, c'est que la vie s'articulait autour de liens qui ont été forgés en réalisant des activités de la vie réelle avec les membres de notre communauté.

Et si nous donnions à nos enfants la chance de vivre une telle vie ? Et si nous, les adultes, les privions de cette simplicité en leur permettant d'utiliser des smartphones dès leur plus jeune âge, principalement pour nous rassurer sur le fait que nous pouvons les contacter à tout moment ? N'ont-ils pas droit à la tranquillité et au plaisir de vivre leur jeunesse, comme nous l'avons fait ? Et nous, adultes, n'avons-nous pas droit à cette même harmonie ? Et si, en fin de compte, avoir une vie cool signifiait embrasser l'esprit du "temps des cerises" - quel qu'il soit dans votre coin du monde ?

Néanmoins, il faut croire que la révolution numérique n'a pas fini de nous surprendre et de nous surmener. Car, après tout, elle nous a tous plus ou moins façonnés. Elle s'est installée dans notre quotidien de façon omniprésente, de la naissance à la mort... et même après, comme le prouvent certains profils Facebook post-mortem.

Comme nous le verrons dans le chapitre suivant, les nouvelles technologies qui sont apparues au cours de notre vie ne sont que la crête d'une vague de changement qui a commencé il y a des centaines d'années. Pour vraiment les comprendre, nous allons donc devoir remonter le temps.

Chapitre 2
De la révolution industrielle à la révolution numérique

« Rien dans la vie n'est à craindre, il faut seulement le comprendre. Le moment est venu de comprendre davantage, afin d'avoir moins peur. »

Marie CURIE, physicienne

Prenons un peu de recul. Mettons en perspective les avancées technologiques récentes avec le progrès technique. Rome ne s'est pas faite en un jour. Les temps modernes non plus.

La révolution numérique est souvent décrite comme un bouleversement profond des sociétés provoqué par un essor rapide de multiples technologies comme l'informatique, le développement du réseau Internet et une évolution marquée des techniques. Il en fut de même avec la révolution industrielle au début du XVIIIe siècle, dont elle est le prolongement naturel.

Pour faire simple, c'est par la mécanisation du monde moderne qu'interviendra ensuite sa numérisation. Vers l'infiniment petit, comme l'a connu la musique : du gramophone et disque 78 tours au smartphone et MP3.

Il faut ainsi remonter aux environs de 1600 afin de trouver les premiers événements marquants liés à la télécommunication. Le roi Henri IV crée les Postes, soit un réseau d'écuries qui permet l'envoi de courriers par coursiers à cheval. Les montures ne pouvant courir une distance trop prolongée, il fallait ainsi pouvoir les changer régulièrement. Nous assistons alors à l'invention de ce qui est devenu aujourd'hui La Poste en France, mais aussi, donc, du télégraphe, du mail, du SMS, de Snapchat[3]. Les écuries ont simplement été remplacées par des antennes relais, des centres données et de la fibre optique.

Au cours des siècles suivants émergent de nombreuses innovations, lesquelles sont à la genèse de la révolution numérique que nous connaissons actuellement. Ces petites découvertes, ces grandes inventions sont toutes, lorsque nous les prenons ensemble, la base même du monde contemporain. Faisons donc un petit tour dans le temps.

L'être humain, par souci d'efficience, de rapidité et d'optimisation de son temps, a toujours cherché à améliorer par la machine le processus de production dont il dépend. Ou du moins, lors d'âges immémoriaux, par des outils. La roue en est le plus bel exemple. Elle diminue les distances, non pas en kilomètres, mais en durée. Ainsi, au cours du dernier millénaire sont apparues de nouvelles machines qui peuvent, dans tel ou tel secteur d'activité, diminuer le temps consacré à une tâche et augmenter la productivité.

Le Français et mathématicien Blaise Pascal, dont la charge de travail dépendait grandement de son temps passé à faire des calculs, a ainsi inventé en 1642 la première machine à calculer. Son fonctionnement permettait de traiter un algorithme. C'est à notre connaissance le premier outil qui permettait d'analyser des informations automatiquement, à la place d'un cerveau humain.

Un autre Français, Jean-Baptiste Falcon, a inventé le système de la carte perforée dans le but d'automatiser le fonctionnement des métiers à tisser. Nous sommes alors en 1728. Cette date marque le début de l'essor de la culture du coton, du commerce triangulaire et du développement démographique intensif des Amériques. Christophe Colomb n'a qu'à bien se tenir !

Pour pousser plus en avant les liens étroits entre les révolutions industrielle et numérique, nous nous devons d'évoquer Diderot et d'Alembert, lesquels œuvrent, entre 1751 et 1772, à l'édition de *L'Encyclopédie ou Dictionnaire raisonné des sciences, des arts et des métiers*. Cet ouvrage de référence mondial promeut l'universalisme. Cette vision, où la raison devient reine et le calcul son meilleur outil, préfigure déjà des notions de réseau et de village global, aujourd'hui associées à l'idée de révolution numérique.

C'est un bouleversement de l'ordre des choses. Ce n'est plus Dieu qui est censé régir les activités humaines, mais l'homme lui-même... Lequel, grâce au calcul et à la raison, contrôle de bout en bout ses propres activités. Une révolution philosophique. Nous utiliserons comme exemple, pour appuyer ce bouleversement, l'une des définitions émises par Marcello Vitali-Rosati et Michaël E. Sinatra. Ils estiment que la révolution numérique amène à une « réinterprétation des structures conceptuelles à travers lesquelles l'homme se rapporte au monde et, surtout, structure et organise sa connaissance ». Si, tout comme pour nous, cette phrase vous semble complexe, n'ayez crainte. Nous allons ensemble tenter de la déchiffrer. Car ce que Marcello Vitali-Rosati et Michaël E. Sinatra essaient de nous faire comprendre avec des mots techniques, c'est que la révolution numérique marque l'entrée de l'humanité dans un nouveau paradigme, soit un nouvel environnement qui nous permet d'appréhender la connaissance. Un exemple d'une autre époque, semblable à cette idée, est l'invention de l'imprimerie, initiée par Gutenberg. Un autre grand marqueur de la démocratisation de l'accès à la connaissance.

La numérisation de l'information et son partage accélèrent encore davantage, de façon inouïe, l'évolution de la connaissance. Nous avons tous désormais une bibliothèque infinie à portée de main, chez nous. Le savoir est non seulement plus accessible, mais immédiat !

Gabriel Pitt

La révolution numérique[4]

Toutefois, avant de passer de l'*Encyclopædia Universalis* à cette bibliothèque mondiale individuelle, un certain nombre d'innovations ont vu le jour. Nous pouvons dès lors citer trois grands tournants.

D'abord, la généralisation de l'ordinateur personnel et la naissance d'Internet à usage militaire dans les années 1980. Puis, l'explosion dans les années 1990 du phénomène Internet, surnommé alors « le réseau des réseaux », lequel était utilisé davantage par les entreprises. Enfin, dans les années 2000, l'avènement d'Internet dans son utilisation domestique, accessible dans la plupart des villes occidentales, ainsi que l'apparition du smartphone, véritable ordinateur tenant dans la main.

Nous assistons en ce moment même à un nouveau tournant, avec la mise en orbite de plusieurs milliers de microsatellites ayant pour mission de connecter le monde entier, notamment dans les zones les moins modernisées, comme certains territoires d'Afrique, d'Amérique du Sud, ou encore insulaires.

Il semble maintenant évident que nous avons tous été façonnés par ces grandes innovations. La plupart de nos échanges se font par voie électronique. Les barrières géographiques et culturelles sont de moins en moins visibles. Les traducteurs automatiques sont à la portée de tous. De la sorte, nous assistons à une reconstruction de la façon dont les individus se perçoivent dans le monde, se comportent avec autrui et se considèrent eux-mêmes.

Néanmoins, ce qui nous façonne individuellement nous façonne aussi collectivement. D'où la mondialisation, soit les nouvelles règles géopolitiques mondiales, officialisées par de nouveaux traités. L'économie moderne et la finance planétaire, dont il résulte de nombreuses crises, montrent à quel point nous évoluons dans un nouveau paradigme. C'est aussi le cas, de façon plus récente, de l'arrivée d'épidémies devenant rapidement des pandémies, liées à l'intrication des nations les unes entre elles.

Tous ces changements radicaux interviennent avec une extrême rapidité, suivant l'évolution exponentielle des moyens technologiques et de l'accélération du calcul, soit du traitement de l'information. Nous avons de grandes difficultés à suivre les wagons du progrès. Il est long d'édicter collectivement, entre nations, de nouvelles lois afin de réglementer les prochaines libertés qu'offre la technologie. Tout comme il est fastidieux de se mettre à utiliser la dernière application à la mode, alors que nous arrivons à peine à maîtriser la précédente...

Le sociologue canadien Marshall McLuhan utilise, pour résumer ceci, l'expression « village planétaire ». Il exprime l'idée que tout un chacun va, de plus en plus, éprouver le sentiment que le monde entier lui est « accessible ». Il ajoute que les médias, qu'ils soient télévisuels, radiophoniques, papier ou liés à une plateforme Internet, ne constituent pas un moyen d'information « neutre ». Ils exercent une sorte de fascination sur la conscience et modifient en profondeur le processus de la perception :

> « L'enfant très jeune est comme le primitif : ses cinq sens sont utilisés et ont trouvé un équilibre. Mais les technologies changent cet équilibre ainsi que les sociétés. L'éducation développe un sens en particulier. Hier, c'était la vue, par l'alphabet et l'imprimerie. Depuis plusieurs décennies, c'est l'ouïe. Et désormais, c'est notre système nerveux central[5]. »

Par exemple, les générations X et Y ont grandi avec la télévision. Les enfants d'aujourd'hui sont eux programmés autrement, car éduqués avec d'autres médias. Nous comprenons ainsi que l'espace médiatique est désormais intégré dans l'imaginaire collectif et qu'il représente, pour un enfant, une autre géographie, avec celle de son quartier notamment.

Après ce tour complet des révolutions techniques et technologiques, afin d'en comprendre l'impact sur les êtres humains, je vous propose de vous narrer mon apprentissage, très personnel, de ce nouvel espace digital et médiatique.

Chapitre 3
Entre la vie d'avant et la vie d'après

« Le bonheur ne crée rien que des souvenirs. »

Honoré de BALZAC, écrivain

Il s'en est passé, des choses, lors de mon adolescence ! Nous étions au beau milieu des années 1990. La révolution numérique était en plein essor et la musique électronique était en totale expansion. Je me remémore encore les longues heures passées sur mon transistor à écouter des émissions en direct sur la station Couleur 3.

Je découvrais la musique électronique et j'enregistrais ces émissions avec des cassettes, que je devais retourner en plein milieu du *live*, car la longueur de la bande n'était pas suffisante. Je ne disposais pas, évidemment, de changement de sens automatique. C'était peut-être le début de la révolution numérique, mais une grande partie de la technologie utilisée à l'époque semble ridicule et primitive aujourd'hui.

J'avais environ quinze ans, et comme beaucoup d'autres jeunes, je me voyais déjà à la place de mes artistes et DJ préférés, à faire bouger tout un *dancefloor*. Un doux rêve... Pas seulement. Je me suis mis à la pratique. Petit à petit, j'ai acheté tout le matériel nécessaire, tel que des platines, une table de mixage et de nombreux vinyles. Heureusement, je n'étais pas seul. Mes amis avaient la même passion. Nous nous retrouvions tous les samedis pendant quatre ou cinq heures, afin d'explorer différents styles musicaux. Le meilleur moyen étant d'aller directement à la source, chez des marchands de disques. Nous passions ainsi des après-midis entiers à discuter avec les disquaires, en face à face. Ils nous conseillaient sur les nouveautés ainsi que sur les labels intéressants. La connaissance et la curiosité se partageaient physiquement, avec passion et sincérité, ce qui nous faisait gagner un temps fou !

 Voici une rétrospective des supports audio de l'époque afin de nous remémorer à quoi ressemblait une platine vinyle et ses successeurs, comme la cassette.

Nous pouvions alors nous former sur les meilleurs sons qui sortaient. La perle de la musique électronique. Nous passions nos journées à mixer, faire des *sets* et améliorer collectivement notre technique. Le tout était toujours enregistré sur nos petites cassettes audio. Bien entendu, il nous fallait jouer notre musique en public et exprimer notre art. Nous avions de la sorte appris à organiser des soirées, histoire de mettre en pratique notre créativité. Tout comme pour chaque sport, après les entraînements, il y a match ! Car finalement, ce que nous recherchions tous, c'était cette adrénaline, ce sentiment physique de bien-être qui nous anime lorsque nous mettons à l'épreuve ce que nous avons appris et l'exposons à la critique, à autrui. Donner le meilleur de soi-même est une belle définition de ce que la vie peut nous apporter de mieux.

Nous avons donc mis les bouchées doubles. À seize ans, nous organisions notre première soirée électronique, en nous inspirant des grandes rave-parties de l'époque. Trois cents personnes ont afflué! Lorsque j'avais 17 ans, grandi de cette première expérience, plus de 1 000 participants se sont hâtés à notre événement X-Terminated for Jazz Return. Chaque event réussi était une motivation supplémentaire pour en organiser de nouveaux et nous améliorer encore davantage. Rien ne vaut de voir le plaisir des spectateurs pour se donner un nouvel objectif. Dès lors, en 1999, l'année de mes 20 ans, notre association désormais bien connue a fait son plus gros tour de force avec l'organisation de l'événement Mindcontrol (@lajeujeu @madwave @camacho @benny @martin), qui est resté mémorable dans la région et a attiré jusqu'à 2 000 personnes. 23 DJ's se sont relayés sur trois dancefloors différents et ont créé une ambiance monstrueuse. Une de mes plus belles expériences humaines!

Pour en avoir un petit aperçu, je vous propose de scanner ce code QR qui vous dirige vers la vidéo *Mindcontrol Rave - Switzerland* publiée par Phoenix Recordings le 3 octobre 2009.

Bien sûr, n'oubliez pas de *liker* et de mettre un commentaire... LOL

Pour arriver à ce résultat, nous avions dû faire converger de nombreux acteurs et utiliser les moyens traditionnels de communication. L'événement était alors diffusé en direct sur Radio Framboise, qui nous avait fait une belle promotion les semaines précédentes. Nous avions aussi distribué des flyers et posé des affiches, clandestinement, comme le veut la tradition. Pour la petite anecdote, nous avions réussi à placer des flyers sur le pare-brise de 1 000 voitures sur le parking d'une grande fête à Neuchâtel. Quelle énergie déployée! Pour finalement, rencontrer la police qui nous a gentiment expliqué que ce que nous faisions était illégal. Ils nous ont donc demandé, toujours avec courtoisie, de tous les récupérer. Malgré cette petite mésaventure, nous avions réussi à faire parler de notre événement. Les fruits de notre volonté ont été largement récoltés.

Pendant toute cette période, où les techniques d'antan gardaient de leur importance, émergeaient de nouveaux moyens, ceux de la télécommunication. Cela nous a grandement aidés.

Les nouveaux moyens de communication

En 1994, j'achetais mon premier téléphone mobile. Un Motorola avec antenne rétractable. Je dois vous avouer que je n'en étais pas peu fier. C'est en effet l'âge où nous avons besoin de nous affirmer et de nous différencier les uns des autres. Avoir cet objet me permettait de contacter à la seconde tous mes amis, de les appeler et d'être, en fin de compte, un fédérateur. L'un des seuls à pouvoir organiser nos rencontres. J'étais loin de m'imaginer, à cette époque, que j'écrirais un livre à ce sujet...

Les libertés que me donnait ce portable étaient extraordinaires pour un adolescent. Il m'offrait une indépendance et une ouverture aux autres formidables. De quoi faire mes propres expériences sans passer par le téléphone fixe de la maison et la curiosité de mes parents, que j'aurais ressentie comme invasive. Le slogan de Nokia, l'une des nouvelles entreprises fabriquant des téléphones portables à cette époque, était sans appel : « Connecting people. » Tout un programme ! Ces vieux mobiles d'alors n'avaient que deux réelles fonctions : appeler et être appelé, ce qui, naturellement, est la base de tout téléphone. Cependant, ils portaient avec eux une grande innovation : le SMS, short message system, qui préfigurait les systèmes de chat que nous connaissons actuellement.

Ainsi, nous avions tous, à cette période, acquis une certaine dextérité avec notre pouce droit. Les claviers comportaient seulement une quinzaine de touches, avec des chiffres principalement. Chaque lettre de l'alphabet devait de la sorte correspondre à un certain nombre de pressions à exercer sur l'une de ces quinze touches. Notre cerveau s'y est vite adapté et beaucoup d'entre nous pouvaient envoyer des messages à l'aveugle, en quelques instants. Ce qui, pour les plus anciens d'entre vous, devrait vous rappeler certains souvenirs. Aujourd'hui encore, nous pouvons retrouver ces téléphones pour une cinquantaine d'euros ou de francs suisses. Ils sont devenus des objets de basse technologie, accessibles à tous, pour dépanner le plus souvent. Un peu comme une boîte d'allumettes lorsque nous n'avons plus de briquet pour allumer les bougies d'anniversaire.

Sans cet objet, je ne pense pas que mes amis et moi aurions pu, si tôt, être à l'initiative des événements narrés ci-dessus. Le téléphone mobile a été un réel accélérateur de notre créativité, nous offrant de nouvelles opportunités auxquelles aucun adolescent avant nous n'aurait pu rêver ! Car il y a aussi dans la technologie de nombreux points positifs, qu'il ne faudrait pas négliger.

Progressivement, le téléphone mobile est devenu *smartphone*, soit téléphone mobile intelligent. Il offrait de plus en plus de liberté et d'applications. Effectivement, il commençait à proposer des appareils photo intégrés de qualité. Une nouvelle révolution ! Nous pouvions alors non seulement prendre des photos partout où nous allions, mais aussi les partager à notre guise, sans attendre leur développement. Pour les besoins de nos événements, nous avions créé un site web, afin de rendre public le maximum d'informations concernant nos prochaines soirées pour les personnes intéressées : les lieux, les dates, etc. À cela s'est ajouté un phénomène qui préfigurait les médias sociaux et qui a cartonné durant une dizaine d'années. Des photographes, engagés par des sites spécialement dédiés à la couverture d'événements, parcouraient les soirées, festivals et concerts afin de prendre en photo les participants leur donnant, soit dit en passant, l'habitude de poser un peu comme des célébrités. Mes amis et moi en profitions ainsi pour faire notre publicité sur ces sites très visités, gratuitement.

Sur les plans personnel et humain, toutes ces années ont été placées sous le signe de l'innovation. J'ai pu partager ma passion et créer avec les autres. Mais elles l'ont aussi été en matière de technologies. Je découvrais toutes les possibilités qu'offrait le digital. Je m'en servais et les mettais en pratique, dans un but d'accomplissement personnel.

Gabriel Pitt

Sites web et téléphones portables : au début du XXIe siècle, je n'imaginais pas que la technologie puisse devenir plus sophistiquée que cela. Mais comme nous le verrons dans le chapitre suivant, la révolution numérique ne faisait que commencer.

Chapitre 4
Une évolution douce, mais certaine

« Il nous a fallu quatre millions d'années pour nous former. Si nous devions mettre notre existence en rapport à la création du monde, sur une année, nous serions apparus le 31 décembre à 23 heures 48. »

Carl SAGAN, scientifique

La technologie, à la portée de tous, a continué de progresser, lentement mais sûrement, avant la grande accélération numérique des années 2010. L'un des plus importants bouleversements est sans conteste le changement de clavier des téléphones, passant de quinze touches à un modèle comprenant tout l'alphabet, notamment avec les BlackBerry. Un accélérateur d'échanges entre les utilisateurs !

Ce changement peut paraître de prime abord anodin. Il est pourtant l'un des déclencheurs principaux de l'avènement des applications de *chat* ou de messagerie instantanée. Il est déjà loin, le temps des SMS à usage unique. Rapidement, un long chemin fut parcouru depuis le premier message envoyé en 1992 sur le réseau GSM anglais – lequel disait « Merry Christmas ». D'ailleurs, ledit message a été vendu en janvier 2022 en Non Fungible Token (NFT) pour la modique somme de 107 000 euros.

Les nouveaux smartphones offraient aussi de nouveaux usages, outre la messagerie instantanée et l'appareil photo : les jeux vidéo[6]. Nous allons nous y arrêter, car ils sont l'un des vecteurs de l'attachement que peut avoir un utilisateur envers son téléphone. En effet, jouer est une activité essentielle dès le plus jeune âge[7]. Par exemple, nous le savons aujourd'hui, les enfants de l'ère préhistorique avaient détourné l'utilisation initiale de simples outils de chasse pour en faire des yo-yo. Le besoin de jouer est ancré en nous. Le jeu a plusieurs atouts, comme celui de se détendre, de créer des pensées agréables, de faire appel à son imaginaire, de se détourner du stress, de se défouler ou simplement de s'amuser, de partager avec autrui. Il nous pousse à nous évader, à sortir durant un temps du réel et de son quotidien. Il est aussi un bon moyen d'apprendre et permet à l'esprit d'intégrer l'importance de la compétition, grâce aux sensations liées à la défaite ou à la victoire et, bien évidemment, à l'esprit d'équipe autant qu'aux notions de fair-play.

Ainsi, les premiers jeux sur les téléphones portables ont vu le jour en 1994. Citons *Tetris* installé sur les Hagenuk MT-2000 ou encore *Snake* sur les Nokia 6110. Ce dernier a rencontré un succès phénoménal, jouissant d'un *gameplay* simple et adapté à tous les âges. S'est ensuivi tout un panel de jeux plus ou moins remarquables, jusqu'à l'arrivée en 2003 de la N-Gage (@Marc) soit une console de jeux portable adaptée sur un téléphone. Une approche tout en disruption et visionnaire du marché du jeu sur les appareils mobiles, qui donnera des idées à d'autres fabricants. À défaut d'avoir rencontré le succès escompté, cette innovation a ouvert la voie. Cela dit, l'arrivée de véritables consoles portables, avec des technologies plus avancées, l'a rapidement mise au banc des oubliées, du fait de son obsolescence, cette fois non programmée... #N-GageRIP ! Avec les smartphones, le jeu vidéo s'est définitivement installé dans notre quotidien. Qui n'a jamais vu quelqu'un jouer sur son smartphone dans les transports en commun, quel que soit son âge ?

Pendant ce temps, les appareils photo ont continué à se perfectionner, augmentant toujours davantage leur qualité d'image[8].

Les nouveaux modèles de smartphones ont amélioré leur design et leurs coûts ont été réduits drastiquement, notamment par la délocalisation des sites de production. Autrement dit, au début des années 2000, aucune grande innovation n'est à signaler. Les acteurs Ericsson, Sony, Motorola, LG et Nokia s'affrontaient sur les marchés et proposaient de minimes évolutions afin d'assurer leur croissance.

Tout ceci était accompagné par un nouveau dynamisme : celui de la globalisation qui permet de vendre plus de produits à travers le monde et à plus de consommateurs. La réduction des coûts de production permet de s'adresser aux habitants des pays en voie de développement, notamment à leur classe moyenne.

Cependant, nous pouvons noter quelques tentatives d'innovation qui se sont révélées infructueuses, comme le WAP, qui ressemblait beaucoup au web, lancé en 1999, ainsi que les MMS[9], encore utilisés de nos jours, mais de moins en moins, la 4G et maintenant la 5G faisant leur office. Ces innovations ont toutes suivi l'évolution de la puissance de calcul des ordinateurs, ainsi que la puissance décuplée d'Internet. La loi de Moore, édictée par Gordon Moore, fondateur d'Intel[10], précise que la puissance de calcul doublait tous les deux ans. L'histoire lui a donné raison.

Parmi toutes ces innovations, certaines se sont installées durablement dans notre quotidien, d'autres ont été balayées aussi vite qu'elles sont apparues, devancées par des technologies plus pérennes et abouties. Cependant, pour celles qui ont persisté, nous pouvons avec le recul constater qu'elles ont modifié durablement le comportement de milliards d'utilisateurs.

Les innovations industrielles sont encore souvent mal comprises par les scientifiques, compte tenu de la rapidité de leur arrivée et du manque de recul qui l'accompagne. De même, les industriels qui ont lancé ces innovations étaient loin de se douter de leur impact réel sur les utilisateurs avant de les lancer à grande échelle. Au fur et à mesure des retours concrets qu'ils recevaient, ils corrigeaient parfois leurs produits. Toutefois, ils pouvaient déjà se baser sur de nombreuses études comportementales ou encore psychologiques, largement étayées lors du XXe siècle. C'est par ailleurs ce qui nous intéressera dans les chapitres suivants.

Pour autant, jusqu'en 2007, soit l'année de l'arrivée des premiers écrans tactiles et des smartphones nouvelle génération, nous pouvons dire que le digital n'était pas encore entré en collision trop brutale avec notre quotidien. La majeure partie de nos échanges se faisaient par des appels ou des SMS avec un but précis, tout en demeurant de courte durée. Ces échanges avaient l'avantage d'améliorer les relations professionnelles, sans devenir envahissants, ce qui a massivement contribué à perfectionner la communication interne dans les entreprises et à augmenter leurs profits.

Avant même que l'écran tactile ne vienne révolutionner une nouvelle fois le téléphone, la multifonctionnalité créée par les outils dont j'ai parlé dans ce chapitre a largement contribué à provoquer le phénomène que nous examinerons dans le chapitre suivant : notre contact physique permanent avec la technologie numérique.

Chapitre 5

L'outil numérique
ne nous quitte plus

« L'Internet est la première chose que l'humanité a construite
et qu'elle ne comprend pas, la plus grande expérience
d'anarchie que nous ayons jamais eue. »

Eric SCHMIDT, fondateur de Google

Durant toute cette période, de 1990 au début des années 2000, nous avons observé un nouveau phénomène. La technologie s'est petit à petit rapprochée de nos corps. Nous n'en sommes pas encore à l'homme augmenté, mais nous en sentons les prémices. Nous allons dès à présent prendre beaucoup de recul afin de mieux comprendre ce phénomène récent, à savoir les différentes implications entre nous et notre smartphone, entre l'humain et l'outil.

Depuis notre genèse, nous sommes des êtres de mobilité. Que nous fussions nomades ou sédentaires, nos ancêtres étaient des êtres perpétuellement en mouvement. Il nous fallait en permanence inventer de nouveaux moyens d'améliorer notre mobilité et le confort qui s'y adjoignait, créer sans cesse des objets et des outils plus facilement transportables, repenser leur taille afin de nous accompagner le plus loin possible et avec toujours moins de désagréments.

Jusqu'au XIXe siècle, nous ne transportions pas des valises, mais des malles. Il fallait pouvoir les entreposer durant le voyage. Leur capacité était plus grande que nos bagages d'aujourd'hui, parce que tous les objets du quotidien étaient plus volumineux. Les livres et le papier, les gramophones pour écouter de la musique, les appareils photographiques d'alors, ou encore les machines à écrire. Convenons que cela prenait de la place. Sans oublier les vêtements plus rigides, les chapeaux, les sous-vêtements et tout le nécessaire pour une moustache belle et soyeuse...

Nous sommes ensuite passés à la valise, et même aujourd'hui, au simple sac à dos. Nous pouvons aisément acheter à bas prix des vêtements lors de nos voyages. Quant à la lecture, la musique ou l'appareil photo, grâce à notre smartphone, tout peut tenir dans notre poche, y compris le plan de la ville, les bonnes adresses, le dictionnaire bilingue et nos papiers d'identité. Je m'arrête là. L'essentiel est que de multiples objets et outils ont été condensés dans un seul appareil de poche. C'est un point important. À aucun moment de son évolution, l'homme n'a connu d'objet de ce type auparavant, et nous sommes loin de comprendre toutes les implications psychologiques de l'interaction avec cet objet.

L'une des principales conséquences de cet outil sur notre comportement est que, parce qu'il peut faire tant de choses, nous ne voulons jamais nous en passer, et nous finissons donc par l'utiliser tout le temps, même si ce n'est pas dans un but particulier.

En voici quelques exemples. Le temps passé à écumer les fils d'actualité de nos « amis » sur les médias sociaux en est un premier. Comme si nous ne pouvions pas poser notre téléphone et aller nous promener avec des personnes qui nous sont vraiment chères. Une autre aliénation, sans doute la plus épuisante, est celle d'allumer son smartphone par réflexe. Pour voir s'il y a du « nouveau », si une notification n'est pas apparue sans qu'on ne s'en aperçoive. Lorsque nous sommes dans un bus ou une file d'attente, que faisons-nous ? Nous sortons notre smartphone afin de nous sentir moins seuls. Pourtant, rien ne nous empêcherait de discuter avec notre voisin qui, somme toute, a l'air sympathique.

Le besoin profond que nous ressentons d'être en permanence en contact physique avec notre téléphone est-il uniquement dû à l'évolution technologique décrite ci-dessus ? Qu'est-ce qui, dans notre nature, nous pousse à avoir ces réflexes inutiles et futiles qui nous frustrent nous-mêmes et dérangent nos amis et notre famille ?

Ce que nous sommes aujourd'hui, nous avons mis des années, des siècles, des millénaires à le devenir. Nous existions bien avant la technologie. Elle n'est finalement que la suite logique de notre apprivoisement de l'existence. Bien avant encore la révolution industrielle, le calcul du PIB, la bourse de New York, le Nasdaq, la photographie et Internet, nous existions déjà. Nous avons évolué dans un environnement parfois dangereux, parfois curieux. Cela a façonné, au fil du temps, notre fonctionnement aussi bien sociologique et comportemental que psychologique.

Aujourd'hui, en un clin d'œil, les smartphones sont devenus un élément majeur de notre environnement, interagissant avec des tendances comportementales que nous avons mis des lustres à développer. Pour bien comprendre notre relation avec les smartphones, nous devons donc nous pencher sur nos origines évolutives et sur les caractéristiques qu'elles nous ont inculquées.

Chapitre 6
Notre genèse

> « Nous sommes actuellement au stade
> d'évolution historique d'élimination de tout
> ce qui n'est pas technique. »
>
> Jacques ELLUL, historien

Nous entendons par « genèse » la genèse scientifique qui, depuis plusieurs siècles et les découvertes de Darwin, s'évertue à comprendre d'où l'on vient, quelles sont les différentes mutations à l'origine de la naissance de l'humanité. Une vraie promenade de santé[11]!

Pour un aperçu de notre évolution, nous vous proposons ce lien sur YouTube sous forme de code QR, nommé *Our story in 1 minute,* de la chaîne Melodysheep publiée le 30 octobre 2012. Bon visionnage.

Ainsi, il y a presque 3,5 milliards d'années, à quelques millions près, nous avions tous une forme assez simple, proche de celle des bactéries. Nous ne croulions pas sous la complexité. Mais comme nous le savons, les petits ruisseaux font les grandes rivières. Nous avons dès lors pu évoluer sous une nouvelle forme, celle des bilatériens, proches des limaces et des vers que nous connaissons. Nous rampions, mais au moins, nous avancions. Le papillon, lui aussi, est bilatérien. De quoi présager notre envol? Pas encore! Néanmoins, nous possédions déjà une structure de corps axial, soit une tête, une queue, un dos et un ventre.

De la sorte, deux grandes innovations ont pu caractériser notre développement, à savoir la capacité à se déplacer grâce à des muscles coordonnés par un centre nerveux, l'ancêtre de la colonne vertébrale, mais aussi la présence d'un canal alimentaire et d'une fonction digestive.

Nous sommes ensuite passés à notre forme actuelle, dans le grand arbre de l'évolution. Nous devenions des vertébrés, nous entrons dans la complexité. L'apparition des premiers poissons fait date. Nous notons plusieurs évolutions majeures, telles que le crâne pour protéger le cerveau, le cartilage qui devient osseux, un système nerveux davantage développé, une mâchoire, des organes internes comme la rate et le pancréas. Il ne nous manquait plus que les attributs nécessaires pour sortir de l'eau... Ils sont venus! De poissons vertébrés, nous sommes devenus tétrapodes. La terre ferme s'est révélée accessible. Toutefois, nous restions encore dans les milieux humides. Nos poumons nous octroyaient la possibilité d'améliorer notre système respiratoire et nos pattes avant, c'est-à-dire nos bras, se détachaient de notre tête, nous offrant un cou. On avançait.

Est alors intervenue une séparation. Deux voies d'évolution. Deux espèces bien distinctes. D'un côté, les reptiles traditionnels, comme les serpents et les crocodiles. De l'autre, les reptiles mammaliens, à l'origine des mammifères. Ce sont eux qui nous intéressent. En effet, les évolutions chez les reptiles mammaliens sont nombreuses. Il s'agit du pelage, donc du poil, de la dentition, de l'acuité sensitive, mais surtout, de l'apparition du placenta. Un changement radical par rapport aux poissons ou reptiles traditionnels qui, eux, en étaient toujours à l'œuf. En effet, le placenta a la particularité d'augmenter le temps de gestation, par un apport continu en aliments, et permet l'apparition de glandes mammaires sur le thorax et l'abdomen qui permettent *in fine* d'alimenter les nouveau-nés. C'est enfin grâce à cette nouvelle souche qu'ont pu naître les premiers primates.

Concernant ces derniers, de nouvelles caractéristiques sont apparues. La forme de la tête a changé et a amélioré la vue. Nos mains nous octroyaient la préhension et nous offraient de cueillir des fruits ou des baies. Nous entrions ainsi dans le régime frugivore, qui nous a apporté de nouveaux aliments aptes à améliorer encore notre évolution.

Nous devînmes, avec le temps, des grands singes. Parmi toutes ces espèces, citons celles se rapprochant génétiquement le plus de l'humain, comme le chimpanzé, le gorille et l'orang-outan, notre lignée s'étant séparée d'eux il y a 5 à 7 millions d'années. Nous étions des hominoïdes. Les hominoïdes étaient des êtres de petite taille qui se nourrissaient de feuillages, de fruits secs et d'insectes. Ils se tenaient debout, changement majeur qui a engendré plusieurs évolutions particulières pour l'humanité. Leurs mains étaient libérées lorsqu'ils se déplaçaient. Leur crâne pouvait se développer en position droite. Leur larynx était dégagé et permettait un progrès du langage. Quant à leurs pieds, consacrés désormais à la marche, ils avaient perdu leurs pouces opposés. Toutes ces évolutions en ont fait des nomades et leurs migrations leur offraient de nouveaux habitats. Ceux-ci les obligeaient à s'adapter à un nouveau mode de vie, celui du chasseur-cueilleur. Le monde s'offrait à eux, ou, devrais-je dire, à nous... Quelle épopée !

De nombreuses évolutions eurent lieu chez les hominidés jusqu'à l'humanité contemporaine, laquelle continue son ascension dans le monde du vivant. Il serait fastidieux d'y revenir, entre l'homme de Neandertal, l'*Homo sapiens* et l'*Homo sapiens sapiens*, soit l'homme moderne. Nous souhaitons simplement relever que cette évolution s'est opérée sur tous les continents, en fonction du climat et de l'habitat, permettant à chaque *Homo* d'améliorer son quotidien. Nous sommes nés de cette diversité et, finalement, nous sommes les enfants du monde.

Mais pourquoi toute cette science, cette histoire et cette préhistoire ? Quel est le rapport entre le tétrapode et les médias sociaux ? Quelle est la connexion entre l'orang-outan et Snapchat ?

Chapitre 7
Dis-moi d'où tu viens, je te dirai où tu vas

> « Apprendre d'hier, vivre pour aujourd'hui, espérer pour demain. L'important est de ne pas cesser de s'interroger. »

Albert EINSTEIN, physicien

Cette citation d'Albert Einstein est une première réponse à toutes les questions du chapitre précédent. Un arbre tient debout grâce à ses racines. Plus ces dernières sont longues et profondes, plus il puise l'eau nécessaire à son ascension. De même, nous avons suivi une ligne, celle de notre évolution. Ainsi, comme l'arbre a ses racines, nous avons notre héritage biologique : notre ADN.

Vous qui lisez ce livre, vous ne vous êtes pas réveillé ce matin en devenant, par surprise, curieux, d'où l'attention grandissante que vous avez envers cet ouvrage. Non, cette envie insatiable de connaître, de découvrir, de s'ouvrir au monde, aux autres et à vous-même, n'est pas venue en dégustant votre café ou votre infusion. Elle est présente depuis votre naissance, depuis notre genèse.

L'attention

À présent, je vous demande de rester concentré, car nous allons aborder un point essentiel. Vous savez, le plaisir que nous avons à nous distinguer, à briller en société, à attirer l'attention ? Nous le partageons tous. Ce n'est d'ailleurs ni bien ni mal, c'est ainsi. Si vous avez des enfants en bas âge, cela se voit comme leur petit nez au milieu de leur figure. Car la recherche de l'attention, sans que nous en ayons conscience, est une lutte quotidienne qui commence dès notre naissance. Nous distinguerons à ce propos l'attention que nous donnons aux autres, c'est-à-dire l'intérêt, et celle que nous recevons d'autrui, soit le désir que nous avons d'être pris en compte par nos amis, nos collègues, notre famille.

Dès notre plus jeune âge, par nos cris, nous cherchons à attirer l'attention. En somme, nous voulons exister aux yeux des autres et surtout nous assurer de notre existence. Être certain, par exemple, que l'on n'oubliera pas de nous nourrir, ce qui est tragique pour un nourrisson, car il n'a aucune assurance dans son esprit qu'il sera nourri à satiété. Pensons-y...

Cette phase existentielle a ainsi des conséquences sur toute la suite de notre vie. Au fil des années, cette inquiétude innée se transforme. Notre demande d'attention évolue pour augmenter nos chances de réussite. Cela devient une sorte de compétition afin d'en recevoir le plus possible. Intervient alors la notion de comparaison. Nous nous comparons perpétuellement aux autres, toujours et encore. Ce n'est pas une faute, au contraire, c'est une qualité élémentaire. Le mimétisme est notre premier outil à tous. Apprendre à marcher, à parler, à rire et à pleurer vient de cette phase d'observation, ou devrais-je dire, de notre narcissisme inné.

Maintenant que nous avons exploré l'attention que nous recherchons, intéressons-nous à l'attention que nous donnons. Cette attention et notre capacité à la gérer ont évolué tout au long de notre évolution collective et, d'un point de vue plus personnel, tout au long de notre éducation et de notre croissance.

Notre cerveau utilise nos cinq sens pour décider si un événement, un fait ou une situation requiert notre attention et si une action doit être entreprise sur la base des informations reçues. Les deux sens qui veillent le plus sur nous sont l'ouïe et la vue. Nous sommes alertés d'un événement lorsqu'un stimulus externe est détecté par l'un de nos sens. Imaginez par exemple un chien qui aboie. Les sons qu'il émet attirent votre attention. Après avoir été alertée par votre ouïe, votre vue sera dirigée vers l'endroit d'où provient le bruit, un processus connu sous le nom d'orientation. Ce que vous voyez alors est envoyé à votre cerveau sous forme d'informations visuelles. Ces informations seront traitées et votre système exécutif prendra une décision : soit le chien représente un danger et votre cerveau vous dira de l'éviter ou de vous préparer à courir, soit le chien n'est pas une menace, ce qui signifie que vous pouvez continuer votre chemin.

Il existe des parallèles entre cet exemple du chien et les expériences que vous faites chaque jour avec la technologie numérique, l'une des plus évidentes étant la sonnerie ou la vibration d'une notification sur votre smartphone.

Cependant, l'attention que nous portons ne réagit pas uniformément à tous les stimuli. Imaginez ce qui se passerait si nous devions accorder toute notre attention à chaque stimulus détecté par l'un de nos cinq sens. La vie serait beaucoup plus compliquée qu'elle ne devrait l'être.

Pour gérer l'afflux de stimuli qui nous entourent, notre cerveau filtre les appels que ces stimuli lui adressent. Nous pourrions comparer ce processus au faisceau lumineux d'une lampe de poche. Votre principal champ d'attention fonctionne comme la partie centrale du faisceau de la lampe de poche, ce qui vous permet de rester concentré sur ce qui est important.

Cette lumière est très nette, dense et bien définie. Tout en se concentrant sur ce qui est important, votre cerveau peut encore percevoir des stimuli externes, qui correspondent à une lumière plus diffuse et moins précise sur les bords du faisceau. Lorsque les choses tombent ici, votre cerveau décide, en fonction du niveau d'importance, de rester concentré sur la tâche importante au centre du faisceau de la lampe de poche ou d'examiner le nouveau stimulus dans la partie plus floue du faisceau.

J'imagine que vous avez déjà remarqué que votre cerveau fonctionne de cette manière. Cela peut se produire lorsque quelque chose apparaît dans votre champ de vision et que vous parvenez à rester concentré sur votre tâche, sans vous laisser distraire de ce qui est important pour vous.

Les plateformes de médias sociaux exploitent à la fois l'attention que nous recevons par le biais de messages, de likes, de discussions et d'échanges, et l'attention que nous accordons lorsque nous naviguons sur ces mêmes plateformes et que nous visionnons des reels, des stories, des messages, etc. Ces éléments - et les notifications qui s'y rapportent - sont des composantes essentielles des mécanismes utilisés par les plateformes pour nous faire passer notre précieux temps rivés à nos écrans, souvent sans que nous nous en rendions vraiment compte.

Statut et comparaison

Maintenant que nous avons vu comment fonctionnent nos mécanismes d'attention, je voudrais vous faire part d'un autre point important concernant notre évolution en tant que mammifères. Nous avons été conditionnés pour être principalement motivés par deux choses : notre préservation en tant qu'individus et la propagation de notre ADN en tant qu'espèce. Nous y sommes parvenus grâce à deux activités fondamentales qui ont façonné notre identité : trouver de la nourriture pour nous-mêmes et, à l'inverse, éviter d'être mangés par d'autres animaux. Dans le monde occidental, du moins, nous considérons ces activités comme allant de soi.

Deux choses nous ont aidés à atteindre ces objectifs de survie et de procréation : la recherche d'un statut et la comparaison sociale. Ces caractéristiques sont inhérentes à l'humain.

Commençons par la recherche d'un statut et son rôle dans notre survie. Comment notre statut peut-il influencer notre préservation et la propagation de notre ADN ? Imaginons une tribu d'il y a des centaines de milliers d'années. Plus la position d'un individu est élevée dans la hiérarchie sociale de la tribu, plus les autres membres de la tribu croiront que l'ADN de cet individu est "fort". Par conséquent, ses chances de propager son ADN en procréant avec une personne compatible augmentent. Cela signifie que deux personnes ayant un ADN "fort" augmentent les chances de propager leur ADN par le biais de leur progéniture.

Comme vous le savez sans doute, affirmer son statut au XXIe siècle ne consiste pas à chasser des lions avec une lance ou à défier un autre membre de la tribu dans un combat. Aujourd'hui, il est beaucoup plus facile d'améliorer votre statut en quelques clics, et vous déclencherez même quelques réactions biochimiques brièvement agréables. (Nous y reviendrons plus en détail dans le prochain chapitre).

Passons maintenant à la comparaison sociale. Bien que son objectif dans notre monde contemporain ne soit pas le même qu'à d'autres stades de notre évolution, elle nous a également aidés à assurer notre survie au fil du temps.

Reprenons l'exemple de la tribu préhistorique et si vous en étiez un membre : vous n'auriez pas pu manger en ouvrant simplement le réfrigérateur. La nourriture aurait généralement été rare. Imaginez qu'un membre de la tribu ait quelques fruits à partager entre tous et qu'il n'y en ait pas assez. Nous serions face à un dilemme qui nécessiterait une solution. Par exemple, que ferait un membre de la tribu qui voudrait un peu de ces fruits, mais qui ne serait pas aussi fort que celui qui en a ? Prendre le fruit et risquer de se battre et d'être blessé ? Ou renoncer au fruit, éviter le conflit et attendre le prochain retour de quelqu'un qui a réussi son voyage de recherche de nourriture ? La comparaison sociale permettrait à ce membre de la tribu de faire un choix qui augmenterait ses chances de survie et lui permettrait probablement de continuer à développer son statut social : il choisirait probablement d'éviter le conflit et d'attendre son tour.

Gabriel Pitt

Dans notre monde moderne, la comparaison n'est plus nécessaire pour assurer notre survie. Cependant, la comparaison sociale nous aide toujours à faire de meilleurs choix et nous incite à chercher à surpasser nos voisins, nos amis ou nos collègues. Elle peut aussi, dans ce contexte, nous aider à élever notre statut social. À l'inverse, elle peut créer des sentiments de frustration et potentiellement avoir un impact négatif sur notre estime de soi ou notre confiance. Ces phénomènes sont malheureusement bien réels et ont été rapportés par les médias.

Vous l'aurez compris : depuis l'avènement des technologies numériques, se comparer uniquement dans le monde réel n'est plus la norme, les possibilités de comparaison s'étant multipliées grâce aux plateformes en ligne.

Ce que vous vous demandez peut-être maintenant, c'est comment notre corps et notre esprit sont capables de nous faire accomplir des tâches telles que l'attention et l'amélioration de notre statut social. C'est ce que nous allons découvrir dans le prochain chapitre.

Chapitre 8
Les neurotransmetteurs du bonheur

> « Le bonheur n'est pas un but, c'est le fruit
> d'une vie bien vécue. »
>
> Eleanor ROOSEVELT, militante

Nous ne l'aurions pas cru, si de nombreuses recherches pointues n'avaient pas été produites durant plusieurs années. Si des scientifiques chevronnés et de haut niveau n'y avaient pas mis tout leur talent. Mais le bonheur ne vient pas du ciel, il n'est pas non plus la résultante d'un concours de circonstances. Le bonheur, c'est de la chimie !

Il n'est jamais aisé de résumer ce genre d'études, à cause de leur complexité, leur langage d'initiés ou le nombre de détails qu'elles comportent. Toutefois, nous allons nous exercer à les traduire, à en tirer le substrat essentiel, la moelle, et cela de la façon la plus pédagogique possible. En d'autres termes, nous allons vulgariser tout cela et nous exprimer dans un langage commun.

Pour en revenir à notre sujet, le bonheur est chimique. Cette chimie se décline en neurotransmetteurs, dont ceux dits du bonheur. Ce sont eux qui nous guident au quotidien, depuis que nous existons.

Quatre de ces neurotransmetteurs sont spécifiques aux mammifères. Ils sont contrôlés et produits par de minuscules structures que tout mammifère possède et qui se sont développées durant des milliers d'années, notamment l'hippocampe, l'amygdale, l'hypothalamus et quelques autres, toutes regroupées sous la dénomination de « système limbique ».

Le système limbique est fortement associé à notre cortex, il est commun à tous les mammifères, à la différence du cortex préfrontal qui est une particularité humaine. Ensemble, ils collaborent parfaitement, chacun assurant son rôle. Le système limbique produit les neurotransmetteurs et le cortex ordonne leur production. Disons que le premier est le patron et que le second est l'actionnaire, car le cortex agit comme une tour de contrôle qui s'assure du bon déroulement des fonctions du système limbique. Il influence nos actions selon des modes préexistants déterminés par notre ADN, lui-même défini par des milliers d'années d'évolution, mais aussi selon notre propre expérience. Ainsi, le cortex justifie l'impulsion donnée par le système limbique. En conséquence, lorsque l'un des quatre neurotransmetteurs fondamentaux à notre survie et notre évolution se libère, notre cortex valide ou invalide cette action et notre expérience s'en retrouve grandie.

Ces quatre neurotransmetteurs, vous les connaissez sûrement, au moins deux ou trois d'entre eux. Ils se nomment la dopamine, l'endorphine, l'ocytocine et la sérotonine. Remerciez-les, car ce sont eux qui vous donnent du bonheur à ne plus savoir qu'en faire. Encore faut-il savoir les stimuler. Pour mieux comprendre leur fonctionnement, nous allons explorer ensemble leurs rôles respectifs et leur déclencheur. Attention, les informations ci-dessous sont donc explosives.

Commençons par l'un des plus connus : la dopamine. Imaginons que nous allons faire du shopping dans notre boutique préférée, afin d'y acheter un nouveau manteau d'hiver. Dans ce cas, et c'est tout l'intérêt de la dopamine, le neurotransmetteur ne va pas se libérer lorsque nous aurons trouvé notre bonheur, soit le manteau, mais un peu avant, sur le parking de la boutique. En conséquence, avant que notre but ne soit atteint. Nous pouvons donc comprendre que la dopamine nous aide à réaliser notre objectif. Elle se libère dès que nous sommes sur le point de parvenir à notre souhait, ainsi que durant toutes les étapes qui nous permettent d'atteindre ce but. Finalement, la dopamine est le neurotransmetteur qui nous accompagne et nous épaule au quotidien. Elle a toutefois une caractéristique potentiellement problématique : pour la libérer, le système limbique demande toujours plus de plaisir, ou du moins de recherche de plaisir[12]. Un cercle qui peut vite devenir vicieux s'il n'est pas suffisamment contrôlé par l'individu.

Parlons maintenant de l'endorphine. Parmi tous les neurotransmetteurs, il est celui qui, pour les sociétés contemporaines, est sans doute le moins utilisé, pour la simple raison que son utilité est de masquer la douleur et que la modernité s'en occupe déjà à sa place. Elle est toutefois particulièrement utile au monde animal ou à nos frères humains qui se trouvent dans des situations de péril. Pour mettre en lumière son action, nous prendrons l'exemple d'une gazelle se faisant mordre par un lion. C'est à ce moment précis, dès la première douleur, que la victime va libérer en elle de l'endorphine afin de masquer au plus vite le traumatisme lié à cette douleur, d'oublier cette sensation et de pouvoir ainsi rester concentrée sur sa course. Elle peut dès lors garder son attention sur l'énergie à déployer pour zigzaguer et détaler loin, très loin... Car lorsqu'un lion a faim et vous plante cinq centimètres de ses crocs dans la chair, il ne s'agit pas de pleurnicher sur son sort. Nous comprenons de la sorte tout l'intérêt de ce neurotransmetteur pour notre survie et, plus généralement, pour la perpétuation d'une espèce.

Nous pouvons toutefois voir l'utilité de l'endorphine chez les hommes. Lors d'un marathon, par exemple, le neurotransmetteur va se libérer à l'apparition des premières douleurs, afin que les coureurs puissent poursuivre leur effort jusqu'au bout. La question de la survie est certes limitée dans cet exemple, exception faite du premier des marathoniens. Cet homme vivait à Marathon, une ville de la Grèce antique. Lorsqu'il vit arriver l'armée perse sur ses rivages, il se rua pour prévenir Athènes! Il fit les 41 195 premiers mètres sans s'arrêter pour la première fois de toute l'histoire connue de l'humanité. Imaginons la dose d'endorphine alors sécrétée par son organisme... Mais ceci est une autre histoire.

À présent, évoquons l'ocytocine, qui nous apporte une sensation agréable de bien-être, mais aussi de sécurité lorsque nous sommes en relation avec une personne, comme un ami, un collègue ou son âme sœur, ou lorsque nous sentons une appartenance à un groupe, une communauté. Que du bonheur! Ce neurotransmetteur social est libéré par notre système limbique lorsqu'un sentiment positif envers quelqu'un se manifeste, par exemple, quand nous sentons au plus profond de nous que nous pouvons faire confiance à autrui. Toutefois, elle peut aussi se libérer lors du toucher, en donnant la main à son partenaire ou en faisant un câlin à la personne aimée[13]. Nous citerons Virginia Satir, experte en thérapie familiale, qui mentionne : « Nous avons besoin de 4 câlins par jour pour survivre, 8 pour fonctionner et 12 pour croître. » De quoi donner l'envie à beaucoup de se lancer dans les free hugs! Ainsi, s'il devait y avoir un neurotransmetteur de l'amour, ce serait bien l'ocytocine. C'est elle qui contribue à notre félicité en société. Nous aurions grand tort de nous en priver.

Dans le monde numérique dématérialisé, les sensations associées à l'ocytocine peuvent se manifester lorsque, par exemple, nous envoyons et recevons des messages individuels ou collectifs dans des chats ou sur des services de messagerie instantanée, tout comme lorsque nous avons des conversations avec des personnes dans la vie réelle. Mais cela signifie-t-il vraiment que la messagerie peut remplacer une conversation réelle ?

Pour terminer cette énumération, concluons avec la sérotonine. En effet, c'est elle qui nous pousse à la prédominance sociale. Ce qui est certain, c'est qu'obtenir le respect d'autrui ou d'une institution est un réel bonheur qui se conjugue souvent avec une véritable sensation de fierté nous poussant toujours davantage à nous perfectionner, afin d'atteindre un statut social plus élevé. Et devinez quoi ? Les sensations positives que nous ressentons dans ces situations sont alimentées par la sérotonine.

Cela dit, l'impact de ce neurotransmetteur est subjectif et dépend beaucoup de notre environnement et de notre éducation. La recherche de respect ne sera pas la même pour un sportif de haut niveau, un multimilliardaire ou un boulanger. Soyons humbles. Toutefois, notre survie, au sens collectif, est en jeu. Si nous voulons augmenter nos chances de procréer, le vecteur du statut social est prédominant afin de réaliser tout notre potentiel d'engendrement. Autrement dit, faire en sorte que notre ADN soit perpétué durant des siècles et des siècles. Concrètement, la sérotonine est le neurotransmetteur le plus apte à assurer notre bonne humeur et donc à notre bonheur.

Explorons le lien entre la sérotonine et le monde numérique. Avez-vous déjà remarqué que les individus ont tendance à poster des photos qui les montrent sous leur meilleur jour ? Ce comportement peut être attribué au lien entre la sérotonine et le statut social. En substance, en nous présentant d'une certaine manière en ligne, nous pouvons potentiellement améliorer la perception qu'ont les autres de notre statut social.

En effet, les expériences passionnantes ou glamours que nous vivons, facilement partagées en quelques clics, peuvent façonner la perception que les autres ont de nous. Ainsi, lorsque la perception de notre statut social s'améliore, notre cerveau produit davantage de sérotonine, ce qui renforce le sentiment positif.

Prenons l'exemple suivant. Vous rencontrez un chanteur célèbre et prenez un selfie avec lui. Naturellement, vous êtes ravi de cette rencontre. Mais lorsque vous partagez cette photo sur vos médias sociaux, vous recevez également l'attention d'autres personnes sous la forme de commentaires et de likes. Cela valide votre expérience et augmente votre taux de sérotonine. Une simple expérience et quelques clics peuvent avoir des effets en cascade.

Comme nous venons de le voir, les neurotransmetteurs jouent un rôle essentiel dans notre façon d'être et d'agir. Cependant, il existe d'autres états humains importants que nous devons explorer : la peur et la curiosité.

Chapitre 9
Peur et curiosité

« À l'origine de toute connaissance, nous rencontrons la curiosité ! Elle est une condition essentielle du progrès. »

Alexandra DAVID-NÉEL, écrivaine

Les neurotransmetteurs ne sont pas les seuls types de substances chimiques que l'organisme libère pour réguler notre comportement et nos sensations. Les hormones jouent également un rôle important dans l'accomplissement de cette fonction. Les neurotransmetteurs et les hormones ont des origines différentes. Les neurotransmetteurs traversent les synapses neuronales dans notre cerveau, générant des impulsions, tandis que les hormones proviennent du système endocrinien, transportant l'information dans la circulation sanguine.

Une hormone en particulier est très importante pour la façon dont nous interagissons avec nos smartphones. Il s'agit du cortisol, que certains appellent l'hormone de la peur, d'autres l'hormone du stress. Vos glandes surrénales le libèrent pour vous avertir d'un danger imminent.

Dans notre monde moderne, où le danger ordinaire est minime, le rôle du cortisol a beaucoup changé. Il est désormais tout aussi susceptible d'être libéré par notre cerveau lorsque nous sommes déçus, afin de nous avertir que nous pouvons faire mieux. Si nous essayons à nouveau et que nous échouons, nous connaîtrons un nouvel épisode de déception, suivi d'une nouvelle injection de cortisol. Nous essaierons à nouveau... et ainsi de suite, jusqu'à ce que nous réussissions. Si ce que vous essayez d'accomplir vous est impossible, le cortisol peut avoir le pouvoir de vous transformer en un chien qui court après sa propre queue.

Et même si le danger physique est rarement présent dans nos vies, le cortisol nous fait tout de même ressentir de la peur - ou plutôt du stress - dans toutes sortes de situations. Pensez à un moment où vous avez travaillé sur un projet important et où quelque chose tourne mal à la dernière minute, ou à un moment où l'on vous confie la responsabilité d'une tâche qui vous dépasse.

La présence d'appareils numériques dans nos vies entraîne également une libération de cortisol. Le stress ou la peur de manquer des informations ou des messages importants en est un bon exemple. Nous l'avons tous développé parce que nous nous sommes habitués à l'idée que l'information est toujours à portée de main, mais aussi en raison de notre sens inné de la curiosité, que nous évoquerons dans un instant. Certains d'entre nous développent ce sentiment tenace de manquer quelque chose, même lorsque l'information qu'ils souhaitent obtenir est, dans l'ensemble, insignifiante - par exemple, ce que votre ami a choisi pour son dîner au restaurant, ou comment votre collègue s'est amusé pendant ses vacances à la plage.

Le stress que nous ressentons à l'idée de ne pas savoir ce qui se passe ailleurs est l'une des principales raisons pour lesquelles beaucoup d'entre nous consultent constamment et sans réfléchir leur téléphone. À un niveau encore plus élémentaire, beaucoup d'entre nous se sentent stressés non seulement lorsqu'ils ne consultent pas leur téléphone, mais aussi lorsqu'ils en sont séparés, que sa batterie est faible ou qu'ils n'ont pas accès à une bonne connexion Wi-fi. Ces sentiments de malaise sont l'héritage du mécanisme de stress que nos ancêtres ont développé pour se maintenir en vie.

Parallèlement à la peur provoquée par le stress, nous trouvons la curiosité. Toutefois, il est difficile d'isoler une hormone propre à cette qualité. Nous pourrions évoquer la dopamine, mais les autres neurotransmetteurs du bonheur y jouent aussi un rôle.

Qu'est-ce qui nous pousse à vouloir savoir ce qui se passe chez notre voisin, ou alors à mieux connaître le firmament et la création de l'Univers? La peur génère-t-elle de la curiosité? Qu'est-ce qui nous procure le plaisir d'approfondir un savoir que nous n'avions pas avant et qu'on vient de découvrir? Cela fait beaucoup d'interrogations, n'est-ce pas? Ne nous en privons pas!

Tous ces questionnements n'ont pourtant pas encore de réponses précises. Le mystère de la curiosité n'est pas encore percé. Néanmoins, des recherches ont été entreprises et quelques pistes ont été développées depuis le XIXe siècle. Nous allons ainsi, dès maintenant, partager avec vous les prémices du savoir qui ont émergé à propos de la curiosité. Son origine serait la suivante : les êtres humains ont évolué dans des environnements naturels et sociaux soumis à des changements rapides. Dans un environnement, nous ne pouvons connaître au préalable les informations, les capacités, les compétences, les attitudes et les aptitudes qui se révéleront les plus utiles. La curiosité est une remise en question permanente et s'est forgée au fil du temps.

Ce qui est certain, c'est que la curiosité est ancrée chez tous les mammifères. Il suffit, pour s'en rendre compte, d'observer le comportement d'un chien, d'un chat ou d'une vache. Lorsqu'une étrangeté se présente devant eux, ils ne peuvent s'empêcher d'aller à sa rencontre, de s'en approcher et de l'observer. Un psychologue britannique et canadien, Daniel Ellis Berlyne, a longuement étudié le sujet de la curiosité. Il en dégage quatre types différents. Voici les contours de ses explications.

Commençons par la curiosité perceptive qui est excitée par la nouveauté, mais qui se consume vite avec l'habitude et la familiarité. Reprenons l'exemple du manteau. Nous avons un nouveau manteau, nous sommes alors curieux de voir à quel point il nous va. Nous le mettons et éprouvons de la joie. Puis, le deuxième jour, un peu moins. Le troisième, nous oublions même d'éviter de le tacher. Il fait partie de nous, désormais.

Une autre curiosité, plus tenace, est celle dite « épistémique[14] », ou la soif de connaissances. Pour certains, elle est une véritable drogue, un désir jamais assouvi. Cette curiosité est évidemment le plus grand moteur du génie humain.

La curiosité spécifique, elle, s'excite par des questionnements, des énigmes, par la volonté de déchiffrer, de comprendre. Bien sûr, elle s'éteint immédiatement une fois la réponse satisfaite. Néanmoins, nous notons qu'elle peut se réactiver, être de nouveau stimulée lorsqu'une situation entre en conflit avec nos attentes. Elle empêche de tourner en rond ou de croire à notre infaillibilité.

La dernière, la plus sympathique, est la curiosité distrayante, c'est le meilleur remède contre l'ennui. Elle s'exerce lors de recherches sans but. Il ne serait pas tiré par les cheveux d'affirmer qu'elle est à l'origine de l'art, de la musique, de la littérature, et peut-être aussi du fait de surfer sans but sur Internet...

Toutefois, ces quatre types de curiosité ne sont pas des réactions distinctes. Au contraire, toute la magie de la curiosité, son côté mystérieux, réside dans la combinaison de ces différentes formes identifiées.

Nous noterons que d'autres travaux plus récents ont été effectués concernant notre amie la curiosité, notamment et spécifiquement sur celle nommée « perceptive ». Elle se déclencherait lorsqu'une angoisse est ressentie, sans doute avec l'aide du cortisol, ce qui nous obligerait à aller vérifier quelque chose pour mettre fin à un doute, afin de faire taire cette angoisse naissante. La curiosité épistémique a aussi fait l'objet de nouveaux travaux, afin de mieux comprendre nos motivations à l'apprentissage. Elle peut donc se révéler utile pour améliorer les méthodes pédagogiques. Cependant, il nous reste encore beaucoup à découvrir !

Ainsi, vous l'aurez compris, la curiosité est dans notre nature. Elle nous aide à résorber notre angoisse, à améliorer notre savoir, à résoudre des problèmes ou à nous détendre. Mais pas seulement.

Un autre effet majeur dans le mécanisme de la curiosité nous porte en avant. Il s'agit du système de la récompense, lui aussi lié aux neurotransmetteurs du bonheur. Vous en avez sûrement déjà entendu parler, il a longuement été étudié par de nombreux scientifiques, dont un Russe dans les années 1900, le docteur Pavlov, puis par le docteur Skinner dans les années 1950. Lorsque vient l'aboutissement de notre curiosité et qu'enfin, celle-ci est assouvie et que nous pouvons dire « eurêka », se libère une forte dose de dopamine. Ainsi, nous aurions une sorte d'addiction au système de la récompense. Ce qui nous amènerait à être toujours plus curieux, afin de satisfaire cette curiosité et donc notre manque de dopamine[15].

Dans le prochain chapitre, nous verrons ce système de la récompense en action.

Chapitre 10
De la théorie à la pratique

« La théorie est absurde sans la pratique et la pratique est aveugle sans la théorie. »

Emmanuel KANT, philosophe

Le désir instinctif des humains de recevoir des récompenses est au cœur des plates-formes et des appareils conçus par les grandes entreprises technologiques. En effet, tout ce que nous avons évoqué dans les chapitres précédents est utilisé à la perfection par l'élite du numérique, autrement dit, les ingénieurs, les sociologues, les doctorants en science du comportement, les psychologues et autres designers sortant tout droit des plus grandes écoles du monde et travaillant pour ces grands groupes. Nous vous avons ainsi concocté une petite histoire afin d'appréhender plus simplement ces différentes techniques.

Un soir de janvier, Mme Tout le monde se rend en voiture au casino qui vient d'ouvrir en ville. Ce n'est pas ainsi qu'elle pensait passer la soirée. Elle était censée rencontrer une amie proche dans un bar à cocktails branché. Mais alors qu'elle a fini d'enfiler la superbe robe qu'elle a hâte de porter pour la première fois, elle reçoit un SMS de son amie : "Je suis vraiment désolée, mais je ne peux pas venir ce soir. Je t'expliquerai demain."

Cela faisait des semaines qu'elle attendait cette soirée avec impatience. Mais elle était bien décidée à ne pas se mettre sur son trente-et-un sans savoir où aller. En effet, depuis un certain temps, elle était intéressée d'aller au casino, mais n'y a jamais mis les pieds. Sur un coup de tête, elle a décidé de laisser libre cours à sa curiosité.

En arrivant, Madame Tout-le-Monde est accueillie avec prestance et se sent immédiatement bien. Les lumières et néons, disséminés un peu partout, lui donnent de l'ivresse, un vertige des sens! Comme si elle était dans un autre monde, où le bonheur se trouve partout, un petit cocon de paradis. Très rapidement, alors qu'elle est encore un peu étourdie, comme dans un état second, une vingtaine de machines à sous attirent son attention. Pour être exact, un joueur vient de remporter le gros lot et la machine hurle autant que lui. Les pièces tombent sans discontinuer. Le gagnant est fou de joie et se met à pleurer de bonheur. Pourquoi pas elle?

Madame Tout-le-Monde se presse et se dirige vers le bandit manchot. Puis, ne gagnant pas grand-chose, elle passe au suivant. Parfois, elle gagne un peu, d'autres fois rien. C'est bien ce qui lui donne le plus de plaisir : l'incertitude. De toute façon, elle ne compte pas faire fortune, mais prendre du plaisir, de la dopamine. C'est pour cette raison qu'elle est venue au casino. Par ailleurs, elle y reviendra, à coup sûr. Madame Tout-le-Monde a déjà gagné sa soirée!

Madame Tout-le-Monde est dans sa voiture, encore enivrée de sa nuit. C'est le petit matin, le soleil se lève doucement. Elle allume la radio. Nous sommes le 9 janvier 2007, et selon le journaliste, Steve Jobs, le grand patron d'Apple va donner une conférence ce soir même! Elle n'y prête guère attention. Elle voit encore défiler sous ses yeux les symboles du bandit manchot : fraise, pomme, banane, etc. Madame Tout-le-Monde ne se doute pourtant pas qu'une nouvelle sorte de casino est en train de se créer. Un casino d'amis, de *likes*, de partages et de récompenses aléatoires.

Tout comme dans le vieux casino, la récompense aléatoire est la pierre angulaire du fonctionnement des médias sociaux, que ce soit dans leur ergonomie, c'est-à-dire leur habillage digital, leur fonctionnement ou leur algorithme. Ce dernier désigne l'intelligence artificielle qui calcule comment vous donner le plus envie de cliquer ou de *scroller*. Mais cette fois, dans son futur proche, Madame Tout-le-Monde n'aura plus à prendre sa voiture pour ressentir ce plaisir, il deviendra immédiat. L'humanité pourra l'obtenir bien installée sur son canapé, avec le tout dernier produit Apple ou Samsung dans sa poche. Et cela, sans dépenser d'argent.

Voici bien toute l'histoire contemporaine de la révolution numérique qui s'est produite à partir des années 2010.

Nous allons donc nous atteler, dans la seconde partie de ce livre, à comprendre comment cette révolution s'est déroulée, de quelle façon le digital est devenu une part importante de nous-mêmes. Nous verrons de quelle manière s'est réduit notre temps précieux et utile à nos rêveries, comment nous avons perdu ce bel ennui qui s'est raréfié, afin de retrouver ce temps perdu[16].

Bien sûr, nous vous donnerons de réelles pistes afin de vous protéger et de mieux vous initier à ces nouvelles technologies chronophages sans vous en détourner complètement.

> Action !
> Pour mieux comprendre votre utilisation personnelle de ce nouvel outil qu'est le smartphone, nous vous proposons de mettre en place votre suivi de temps d'écran. Vous pourrez déjà mieux analyser et comprendre votre comportement.
> Mon conseil : consulter ces statistiques une fois par semaine.

Car vivre avec son temps, finalement, c'est maîtriser la nouveauté, apprendre à contrôler ce feu qui peut nous dévorer et au contraire, s'en servir pour mieux se réchauffer !

Si vous avez aimé cette première partie, n'hésitez pas à appuyer sur le bouton *like* ci-dessous.

Vous n'avez pas appuyé ? Vous avez hésité ?

Cette petite expérience a été pensée afin de vous faire réfléchir sur les réflexes digitaux.

Nous vous encourageons à prendre deux ou trois minutes afin d'analyser votre réaction première lors de la lecture de la page précédente.

Post-scriptum : nous en sommes déjà à 15 000 likes !

Retrouvons-nous en vidéo pour terminer cette première partie.

Pour agrémenter votre expérience et accompagner la découverte de la deuxième partie, accéder à de nouveaux sons et musiques, scannez ce Code QR.

À tout de suite !

Deuxième partie

Humanité 2.0

« L'humanité est vouée au progrès à perpétuité. »

Alfred SAUVY, économiste

À quoi pourrait ressembler le monde de demain ?

C'est ce que nous propose la chaîne YouTube de Keiichi Matsuda et sa vidéo HYPER-REALITY publiée le 19 mai 2016.

Chapitre 11
Une nouvelle ère

« Votre temps est limité, ne le gaspillez pas
en vivant la vie de quelqu'un d'autre. »

Steve Jobs, fondateur d'Apple

Nous sommes le 9 janvier 2007, à San Francisco. Ce soir, c'est la convention Macworld, soit le salon professionnel dédié à la marque à la pomme. Steve Jobs, le *big chief* d'Apple, entre sur scène comme chaque année. Aucun journaliste ne pourrait, à cet instant, se douter qu'il va alors vivre une révolution en direct, assister à l'un des moments historiques les plus importants du second millénaire !

En effet, Mister Jobs entame sa présentation comme à son habitude. Banalement, il revient sur les chiffres des ventes, énumère les différents iPods. Puis, il présente le premier modèle de l'Apple TV. On pourrait croire que tout l'intérêt de cette conférence de presse est ce nouvel objet, une télévision, l'outil média du XXe siècle. Le passé, en quelque sorte.

Mais au bout d'une vingtaine de minutes, les choses s'accélèrent. Steve Jobs boit une gorgée d'eau claire, fait une pause et prend alors un ton grave : « C'est un jour que j'attends depuis deux ans et demi. » Dans la salle, le silence pèse. Les journalistes se regardent de biais. Y aurait-il une autre annonce que celle de l'Apple TV ?

Toutefois, le *big boss* décide de prendre son temps. Il déroule toutes les grandes innovations de la marque, de l'arrivée du Macintosh en 1984 au premier iPod en 2001, ce qui laisse supposer – c'est du moins ce que l'on comprend dans la salle – qu'une nouvelle grande révolution est à venir.

Steve Jobs, sûr de son coup, peut passer à la grande nouvelle : il annonce alors, non pas une, ni deux, mais trois révolutions ! Un iPod à écran large, un téléphone portable révolutionnaire et un navigateur Internet. Bienvenue au XXIe siècle ! Il répète trois fois de suite cette annonce, provoquant les éclats de rire dans la salle. Les journalistes sont aux anges, le coup médiatique fonctionne. Seulement, Steve a encore un tour dans son sac. Car ces trois révolutions ne sont pas indépendantes. Et c'est ce que la salle commence à comprendre. Ces trois révolutions, « ce ne sont pas trois appareils différents, mais bien un seul. Et on l'appelle l'iPhone », finit-il. La salle est conquise. Le monde aussi.

Jobs peut alors faire sa démonstration de l'appareil. Il n'a plus qu'à décliner les annonces, la salle est avec lui. Il innove encore et crée par la même occasion la marque de fabrique des lancements d'Apple, à savoir ne pas s'éterniser sur les particularités techniques du produit, comme les composants ou la puissance de calcul, mais sur ce que Monsieur et Madame Tout-le-Monde peuvent en faire. Leur utilité, leur ergonomie, leur facilité d'utilisation et les avantages qu'ils peuvent apporter au quotidien. Le slogan de l'App Store, qui sortira un an plus tard, ne fera que confirmer cette approche : « Il y a une App pour ça. »

Pour revivre ce grand moment d'histoire, c'est par ici ! Le lien de la chaîne YouTube de John Shroter et sa vidéo : « Steve Jobs introduces iPhone in 2007 », publiée le 9 octobre 2011, via ce code QR.

Néanmoins, la marque à la pomme n'en est pas à sa première innovation du XXIe siècle. En effet, la sortie de son iPod en 2001 a composé son premier grand succès. Cette entreprise en perte de vitesse dans les années 1990 a réussi, grâce à ce produit, à renaître de ses cendres tel un phénix. Dans la lignée du Walkman de Sony, elle a tout misé sur la musique. L'iPod, petit et pratique, permettait alors de stocker et d'écouter des milliers de chansons, ce qui, d'une part, a modifié notre façon d'appréhender la musique, mais aussi de la consommer, car grâce à son magasin en ligne nommé iTunes Store, toutes les musiques du monde sont devenues accessibles pour les consommateurs. De plus, chaque musique vendue profite à Apple. Un *business model* redoutable, car mondial. De quoi permettre à l'entreprise de se projeter dans de grandes innovations coûteuses par la suite. Une levée de fonds comme on en avait encore rarement vu !

Leur stratégie était d'une simplicité ingénieuse. Le marché de la musique se concentre sur la jeunesse, la génération Y. Comme Jobs le disait : « En 2001, nous avons principalement introduit le premier iPod, et il n'a pas seulement changé la façon dont nous écoutons tous la musique, il a changé toute l'industrie de la musique. » C'était la fin d'une autre industrie, du moins, le début de la fin : celle du CD. Concernant les artistes, cette révolution industrielle a eu des conséquences douloureuses. Leurs revenus ont fondu comme neige au soleil, la norme n'étant plus d'acheter un album complet, soit une quinzaine de morceaux, mais seulement un ou deux « tubes ». Afin de pallier ce manque de revenus, les prix des places de concerts ont monté en flèche. Des festivals de musique se sont créés un peu partout.

Pour le public, ce fut une bonne nouvelle. Les artistes ont dû, dès lors, augmenter leurs représentations et sont ainsi devenus plus accessibles. Ils sont redevenus ce qu'ils avaient toujours été : des troubadours. C'est un peu le paradoxe de cette révolution...

Ainsi, Apple avait déjà de gros atouts dans son sac lors de la sortie de l'iPhone. Avec l'iPod, l'entreprise avait pu tester grandeur nature non seulement un design, mais aussi un *business model*. De plus, elle avait avec elle ce qui fait le moteur de l'industrie numérique : la jeunesse. Ainsi, à partir de cette base, cette entreprise, de nouveau florissante, a pu se concentrer sur le restant du marché et lancer son smartphone, aujourd'hui devenu mythique.

Pourtant, et ceci est sa force, Apple n'a pas inventé le smartphone. À l'époque, d'autres entreprises s'étaient développées, tel BlackBerry, devenu leader du marché, grâce à son clavier QWERTY. Toutefois, ce dernier était physique, ce qui réduisait les possibilités d'utilisation pour les consommateurs. D'autres entreprises misaient alors sur l'utilisation d'un stylet pour saisir les informations sur un écran, ce qu'ont rapidement compris Steve Jobs et son équipe. Le téléphone intelligent, et là était l'innovation, a un écran tactile. C'était indéniablement pour Apple l'avenir, le futur ! La dématérialisation, autrement dit.

L'iPhone de première génération a fait un carton. Commercialisé aux États-Unis en juin 2007 et en Europe l'automne suivant, avec un objectif de 10 millions d'appareils distribués dans le monde, il s'est vendu comme des petits pains, nous rappelant le lancement de la PlayStation 2 de Sony. Cet objectif a été atteint dès 2008 et l'iPhone 3G est sorti cette même année. Jusqu'à présent, les trois caractéristiques essentielles du premier iPhone (à savoir un iPod doté d'un grand écran, un téléphone mobile révolutionnaire et un navigateur Internet) ont été au cœur de toutes les versions ultérieures de l'appareil.

Cette révolution a eu lieu voici plus de dix ans. Nous pouvons dès lors établir un premier bilan, non exhaustif, mais significatif. C'est l'heure des chiffres. Attention, certains peuvent donner le tournis.

Que se passe-t-il dans le Nouveau Monde du Net en une minute? Voici un extrait créé par Stephanie Heitman et publié en mai 2023 [17].

– 240 000 photos mises en ligne sur Facebook ;

– 3'670'000 vidéos visionnées sur YouTube ;

– 575'000 Tweets sont envoyés ;

– 5'900'000 recherches sont effectuées sur Google ;

– 2'000'000 de Snaps sont envoyés ;

– 167'000'000 vidéos regardées sur Tik Tok

– 16'200'000 sms sont envoyés ;

– 452'000 heures de vidéo regardées sur Netflix ;

– 174'000 Apps sont téléchargées ;

– 6'000'000 de personnes font des achats en ligne ;

À notre sens, ces quelques chiffres sont aujourd'hui les informations qui expriment le mieux ce que nous nommons la naissance de l'humanité 2.0.

Chapitre 12
L'humanité 2.0

« Avec le capitalisme de surveillance, il s'agit de capter l'expérience humaine dont on se sert comme d'une matière première pour la transformer en prévisions comportementales monnayables sur un nouveau marché. »

Shoshana Zuboff, professeure

L'humanité 2.0 se définit avant tout par un paradigme techno-logique en pleine évolution : le web. En examinant la manière dont le Web s'est développé au fil des ans et pourrait évoluer à l'avenir, nous pouvons mieux comprendre les caractéristiques clés de l'humanité 2.0 telle que nous la vivons aujourd'hui.

Il faut rappeler qu'au tout début, nous étions tous fascinés et optimistes en voyant arriver le web. Nous imaginions ce qu'il pourrait nous apporter dans les méthodes d'apprentissage, les échanges humains, l'important savoir pouvant être stocké et devenant accessible à tous. Sans démentir ces espérances, il faut croire que nous avons eu la part belle des défauts de toutes ces qualités...

Les optimistes des premières heures ont quelque peu déchan-té. Ceux-là mêmes qui faisaient l'éloge du web sont pour beau-coup devenus ses plus grands critiques. Ils ont constaté, avec le temps, les divers effets négatifs de l'avancée technologique sur notre rapport à nous-mêmes et celui que nous avons avec les autres. Nous pourrions, par exemple, citer la manière dont le web construit l'identité des plus jeunes, la façon dont nos capa-cités d'écoute se sont modifiées, les conversations que nous avons virtuellement et celles que nous n'avons plus physique-ment... Sans oublier notre spontanéité et aussi notre présence, lesquelles ont été petit à petit affectées par ces nouveaux outils numériques.

Chaque avancée technologique qu'a connue le World Wide Web a façonné notre comportement. En passant du Web 1.0 au Web 4.0, nous sommes passés de l'humanité « traditionnelle » à l'humanité 2.0. Chaque nouvelle itération du Web a conservé les caractéristiques les plus pertinentes de ses prédécesseurs. Le Web 1.0, qui a pris forme entre 1990 et 1999, était à l'origine un réseau d'informations partagées que les chercheurs du monde entier pouvaient utiliser pour accéder aux travaux de leurs pairs et entreprendre des projets de recherche ensemble. Il a été créé au CERN, l'Organisation européenne pour la recherche nucléaire, à Genève.

Le web 1.0, de 1990 à 1999, avait donc comme fonction principale d'augmenter la puissance de travail d'un groupe. Très naturellement, ce nouveau réseau a hébergé en premier lieu des sites
d'entreprise, des pages d'échanges de l'une à l'autre. Il y avait
également des bases de données, évidemment et, rapidement,
des outils de recherche, comme l'ultra célèbre Google, Bing de
Microsoft. La macrostructure du Net était de la sorte tournée
vers la mise en commun et l'utilisateur lambda n'en avait souvent qu'une utilisation passive. Il s'agissait de s'informer de la
même manière que l'on pouvait ouvrir son journal le matin en
buvant son café.

L'an 2000 a offert la première évolution importante avec le
web 2.0, le web social. C'est en effet celui qui correspond au
développement des médias sociaux, ce qui a permis aux utilisateurs de se connecter entre eux et d'échanger, de devenir
un peu plus acteurs. Nous pourrions évoquer les tout premiers,
comme Friendster ou MySpace, devenus désuets aujourd'hui,
mais aussi les forums spécialisés ou généralistes, ainsi que les
portails de communauté qui permettaient de mieux se retrouver dans le monde infini du Net. Sans oublier les blogs, où l'on
pouvait, de manière beaucoup plus pratique et sans grande
connaissance du codage, devenir un véritable rédacteur du
web.

C'est également à ce moment que se sont développés les outils
de mailing et de messagerie instantanée, changeant considérablement notre utilisation journalière des produits numériques,
notamment avec le fameux BlackBerry, dont nous avons déjà
évoqué l'importance. Le web 2.0 a vu arriver vers la fin de son
existence, dès les années 2004, d'autres médias sociaux, prépa-
rant la prochaine génération : Twitter et Facebook.

Clairement, le web 3.0, le web sémantique, est né de ces
deux entités nouvelles. L'utilisateur devient le principal acteur.
Omniprésent et hyperactif, il s'empare du réseau. Il est au centre
du Net. Dès 2010, tout est entrepris pour le mettre à l'aise, lui offrir
la meilleure expérience, lui donner l'envie de partager ce qu'il est
et ce qu'il fait. C'est le début du développement exponentiel de

l'intelligence artificielle et des nouveaux algorithmes, des robots ou assistants personnels en ligne jusqu'aux bases de données interconnectées. Tout est bon, même dans l'ergonomie, pour que tous les utilisateurs, du plus jeune au plus ancien, prennent en main l'outil numérique.

Grâce aux smartphones, nous sommes de plus en plus mobiles et davantage connectés. Nous devenons des consommateurs engagés, avec une prise de parole beaucoup plus grande. Nous pouvons désormais commenter le dernier restaurant où nous avons mangé, comme noter l'hôtel où nous avons dormi. En outre, chacun peut désormais créer sa propre chaîne, comme une nouvelle télévision, et imaginer et produire ses émissions en filmant et partageant les moindres aspects de sa vie, passant de l'image à la vidéo grâce à la qualité technique des smartphones. Ne vous êtes-vous jamais surpris en train de filmer une scène de votre quotidien pour la partager, chose que vous n'auriez jamais faite il y a dix ans ? Qui vous aurait peut-être même paru cocasse ?

Nous voyons actuellement les premiers indices de ce que le Web 4.0, le Web intelligent, nous réserve. Bien qu'il n'en soit qu'à ses débuts, nous pouvons déjà identifier certaines de ses nouvelles caractéristiques.

La première d'entre elles est l'introduction d'objets du monde réel intégrés au web - par exemple, des réfrigérateurs capables de détecter qu'un article est épuisé et d'en commander d'autres, la commande étant ensuite livrée en toute sécurité par une porte située à l'arrière de l'appareil, sans que le client n'ait jamais à interagir avec le livreur. Des réfrigérateurs de ce type existent déjà au stade du développement, et les ingénieurs travaillent sur d'autres produits de ce type.

Mais alors que le web s'intègre dans tout ce qui nous entoure, une autre dimension du web 4.0 prend une direction très différente : une dématérialisation qui permettra aux gens de vivre leur vie de tous les jours en ligne.

Un champ d'exploration non négligeable est le Metaverse, lequel connecte les intelligences et développe des états d'esprit d'entreprises, de communautés, et ceci parfois de manière totalement décentralisée. Ces réseaux de connaissances sont à la fois globaux et spécifiques. Avec le métavers, des personnes peuvent exister en tant qu'avatars, à l'intérieur de ce qui est finalement un monde parallèle en 3D dans lesquels nous retrouvons des maisons, des centre commerciaux ou des plages. Afin de mieux comprendre ce nouveau phénomène, nous prendrons pour exemple le plus grand concert du monde, lequel a eu lieu sur Fortnite, un jeu vidéo très populaire. Ce concert a réuni 28 millions d'individus, ou plus précisément d'avatars, en avril 2020, lors de quatre diffusions à un moment opportun, puisqu'une grande partie du monde était alors confinée à la maison.

Pour approfondir cette virtualité, vous pouvez regarder un extrait de cet événement avec le lien ci-dessous, celui de la chaîne de Travis Scott dont la vidéo se nomme : *Travis Scott and Fortnite Present : Astronomical (Full Event Video)*, publiée le 26 avril 2020.

Attention, nous vous retrouvons pour la suite de votre lecture après avoir découvert ce concert virtuel. Il ne s'agirait pas de passer plus de temps sur le web qu'il n'est nécessaire.

Tout ceci donne le vertige et nous verrons bien ce que cela donnera dans le futur. Même si une nouvelle donne vient dernièrement de nous conforter dans les développements à venir : la création de META, par le créateur de Facebook. Son idée étant de créer un environnement propre dans le web aux différentes applications et médias sociaux qu'il dirige. Une sorte de web dans le web. Nous pourrions résumer toutes ces évolutions en deux grandes tendances.

La première est le passage de l'utilisation passive à une utilisation active, qui s'est produite avec l'arrivée de nouveaux moyens technologiques comme les smartphones, les tablettes ou les ordinateurs portables. L'essor du contenu généré par les utilisateurs signifie qu'il est désormais possible - et sans doute encouragé par la conception de certaines plateformes web - que chaque instant de notre vie éveillée soit occupé à créer, regarder et réagir à du contenu.

La deuxième est notre changement de paradigme. Après des millénaires à vivre dans un monde physique et bien réel, nous vivons aujourd'hui dans deux univers qui se rejoignent : c'est ce qu'on appelle l'interréalité[18]. D'une part, un monde fait de nature, de personnes et de chair, que l'on pourrait qualifier de « matérialisé ». D'une autre, un monde de sensations, d'images, d'impulsions électriques, celui du numérique, qui est lui « dématérialisé ».

De la sorte, le questionnement principal que nous souhaitons traiter dans ce livre, pour nous et pour vous, est : comment appréhender au mieux cette transformation ? Comment ne pas nous éloigner de nos objectifs vitaux et rester maître de notre destin ? Quelles sont les méthodes à adopter pour continuer de dédier notre attention et notre temps à ce qui compte le plus pour nous ? Comment éviter finalement de nous perdre dans la nouveauté perpétuelle et, alors, de consacrer notre temps aux profits financiers des GAFAM ou des BATX plutôt qu'à notre propre profit ?

Pour résumer ceci, citons le chercheur Herbert Simon en 1971, avant qu'il ne reçoive le prix Nobel d'économie :

« Dans un monde riche en informations, l'abondance d'informations entraîne la pénurie d'une autre ressource : la rareté devient ce que consomme l'information. Ce que l'information consomme est assez évident : c'est l'attention de ses receveurs. Donc une abondance d'informations crée une rareté de l'attention et le besoin de répartir efficacement cette attention parmi la surabondance des sources d'informations qui peuvent la consommer. »

Tout est dit.

Profitons-en pour évoquer quelques points négatifs concernant toutes ces avancées technologiques liées au web. En citant, pour nous donner une base de compréhension, Tristan Harris : « Quand la technologie connaît vos faiblesses, c'est elle qui prend le contrôle. »

Ainsi, la moyenne de temps d'utilisation quotidienne du numérique oscille entre 3 heures 47 et 6 heures 40 chez les 8 à 24 ans. Ces chiffres ont explosé lors de la crise pandémique et ses confinements. En ce qui concerne leurs parents, elle s'est installée à 2 heures et 8 minutes. Nos anciens, âgés de plus de 50 ans, s'en sortent mieux avec seulement 1 heure et 18 minutes par jour[19]. Nous dirons qu'ils ont sans doute plus l'habitude de l'usage du réel que leur descendance... Ou alors, que les processus de renforcement utilisés par les GAFAM et BATX sont pour le moment moins centrés sur leur génération.

Mais qu'est-ce qu'un processus de renforcement[20] ? C'est tout le sujet des grands acteurs du web. Il s'agit de renforcer votre volonté de surfer sur leur site, de consommer leurs produits. Prenons un exemple simple. Vous postez une photo sur un média social. Si vous avez de nombreux « J'aime », vous aurez un renforcement positif et ainsi le désir de poster une nouvelle photo afin d'avoir encore plus de « J'aime ». Toutefois, si vous en avez très peu, le processus de renforcement sera cette fois négatif, vous obligeant à poster une autre photo pour avoir les « J'aime » tant espérés. C'est fabuleux, n'est-ce pas ?

Cela vous rappelle-t-il quelque chose ? Comme les machines à sous et le système de la récompense, par exemple ? Car ce n'est pas, en effet, la récompense en elle-même que nous recherchons alors, mais justement sa volatilité, ce hasard qui décidera de notre bonheur. Que l'on soit perdant ou gagnant, le plaisir que nous avons à tenter notre chance est notre véritable récompense. Ceci, les entreprises du Net l'ont parfaitement compris. Voici pourquoi nous passons autant de temps sur leurs sites.

Un autre point négatif, lié directement au web 3.0, est le conditionnement des souvenirs[21]. Vous avez peut-être déjà eu l'occasion de recevoir sur Facebook un résumé de vos dix dernières années. Eh bien, dites-vous que cela conditionne une partie de vos vrais souvenirs, pour les remplacer seulement par ceux que vous avez postés. Ils sont en quelque sorte reconditionnés par ceux qui ont reçu le plus de « J'aime ».

Pour conclure ce petit débriefing assez négatif, nous dirons simplement que le fait d'avoir un smartphone dans notre poche, même sans l'utiliser, juste le savoir avec nous, réduit considérablement l'attention que nous pouvons avoir sur ce qui nous entoure, notre environnement réel.

Le web a d'autres effets négatifs, que ce soit sur notre comportement, notre vie sociale ou notre santé. Mais nous estimons qu'il est plus judicieux d'y consacrer un chapitre entier. Nous vous donnons ainsi rendez-vous dans quelques pages. Il ne faudrait pas résumer le web au négatif. Il nous offre aussi beaucoup de choses positives ! Rappelez-vous, il n'y a pas si longtemps, le phénomène #Metoo, la libération de la parole sur les médias sociaux. En effet, un sujet est tabou tant qu'il ne surgit pas et ne s'impose pas sur la place publique. Ainsi, Twitter a permis à de nombreuses femmes d'exprimer leur détresse vis-à-vis d'actes innommables. Ce qui, consécutivement, a obligé les hommes, dont les plus jeunes d'entre eux, à revoir en profondeur leur vision de leur rapport aux femmes et leur façon d'interagir avec elles. Ce mouvement a dès lors permis d'entamer la transition entre un patriarcat exacerbé et un comportement plus égalitaire.

Pour les artistes, le web est une opportunité magnifique. Prenons l'exemple d'un jeune cinéaste qui a désormais accès à toute la filmographie de ses réalisateurs préférés. Il peut dès lors progresser à vitesse grand V. De même pour un écrivain, un peintre ou un musicien, la profusion des œuvres disponibles est le meilleur moyen pour eux de se comparer, d'apprendre et de s'améliorer. Comme disait Lavoisier : *« Rien ne se perd, rien ne se crée, tout se transforme ! »*

Le Net nous offre aussi de collaborer, d'échanger et de partager avec le monde entier. Nous ne sommes plus soumis à notre géographie locale ou à nos moyens de déplacement. Nous avons accès à n'importe quel individu, où qu'il se trouve. Nous pouvons dès lors entrer en contact avec une personne dont les intérêts professionnels, éducatifs ou amicaux sont liés aux nôtres. Nous faisons monde.

En politique, les médias sociaux constituent aussi une nouvelle manière de se regrouper, de s'organiser et de faire barrage contre un pouvoir tyrannique, qu'il soit d'ordre dictatorial, financier ou technologique. Malgré le fait, il faut le préciser, qu'une puissance étrangère puisse utiliser ces médias sociaux dans un but de déstabilisation. Toutefois, de nombreux mouvements sociaux ont pu voir le jour et revendiquer de nouveaux acquis grâce à ces mêmes médias sociaux.

De belles initiatives sont nées également dans le milieu sportif, contre le racisme, notamment. Nous prendrons l'exemple récent de la Premier League anglaise, dont de nombreux joueurs étaient victimes, sur les réseaux, de propos haineux et xénophobes. En réponse, la fédération de football anglaise ainsi que plusieurs clubs ont vivement protesté et ont décidé de boycotter ces mêmes médias sociaux pendant plusieurs jours.

C'est d'ailleurs ce qu'exprime Kylian Mbappé, footballeur ayant été particulièrement visé par des commentaires haineux après l'Euro 2021, lors d'une interview publiée par CNN le 5 janvier 2022. Il s'engage dans ce sens en déclarant à la journaliste Becky Anderson : « *Nous devons commencer par les médias sociaux, mais avant les médias sociaux, nous les joueurs, devons être impliqués et actifs. Il faut aider les gens, car ce n'est pas possible d'avoir cette attitude en 2022*[22] ».

Nous ne pouvons qu'encourager les athlètes, souvent suivis par de nombreux fans, à s'engager auprès de leurs communautés et donner des impulsions positives concernant des thématiques sociétales importantes et d'actualité.

D'autres sportifs, quant à eux, pour réduire leur charge mentale, ont tout simplement préféré quitter les médias sociaux.

Chapitre 13
De la réalité à la virtualité...

« Du rêve de n'importe où et n'importe quand
au cauchemar de tout le temps et partout. »

Théo COMPERNOLLE, médecin

Dans le prolongement de ce que nous avons évoqué dans le dernier chapitre, examinons quelques exemples des effets surprenants de la virtualisation de nos vies par les technologies numériques sur la manière dont nous nous engageons dans le monde réel et avec les gens qui nous entourent.

Ce qui marque le plus la virtualisation de nos vies est sans nul doute le selfie ! Véritable mode ou nouvelle façon de se projeter dans le monde ? Nous le saurons peut-être un jour. Ce qui est certain, c'est que l'histoire du selfie n'en est pas à ses débuts.

En effet, le premier selfie connu a été réalisé par Robert Cornelius, un métallurgiste, en 1839. Nous pouvons même remonter bien avant dans le temps avec les célèbres autoportraits du peintre flamand Rembrandt, dès 1628, célébrant déjà le narcissisme dans toute sa beauté... Mais pour revenir à la photographie, une autre date importante est celle de 1914, à laquelle une première adolescente, la grande-duchesse de Russie Anastasia Nikolaïevna, fait une photo d'elle dans un miroir. Elle racontera que ses mains tremblaient alors qu'elle prenait cet instantané. Devinait-elle la portée de son geste ?

Car le selfie est une idée, en soi, ingénieuse. Il permet de se mettre en scène dans un moment, si ce n'est épique, au moins particulier de sa vie : un anniversaire, la visite d'un monument, un accident sur l'autoroute... C'est un souvenir, mais pas seulement. C'est aussi une manière de se créer un petit halo de célébrité, surtout lorsque la photo est ensuite partagée sur les médias sociaux. Le selfie est l'outil favori des influenceurs. Les algorithmes les poussant à en faire le plus possible, en les valorisant davantage qu'une simple photo de paysage. D'autant plus que c'est une façon de demander aux autres si l'on est beau ou encore si on a vraiment de la chance de visiter ce pays si atypique.

C'est la façon qu'on a de se dissocier du réel pour entrer de plain-pied dans la virtualité qui nous intéresse particulièrement dans le selfie. Ce qui passionne celui qui se prête à cet exercice, c'est le fait de matérialiser par l'image une action de sa vie. La figer. En d'autres termes, se créer un monde parallèle qu'il pourra retrouver à satiété en contemplant sa propre image du passé. « To be or not to be », disait Shakespeare. Nous dirions, nous : *to be or to have been*, être ou avoir été...

Pour la petite anecdote, nous recensons chaque année plus de morts par la prise d'un selfie, par exemple en tombant du haut d'une falaise, que de morts par attaque de requin ! Actuellement, on décompte une mort imputable aux selfies par semaine dans le monde, une véritable épidémie.

Une écriture uniforme ?

En réfléchissant à cette virtualisation de nos vies, il nous est venu une réflexion concernant notre nouvelle façon d'écrire. Il est loin, le temps de la plume et du papier. De nos jours, tout le monde peut lire l'ordonnance de son médecin, pour la simple raison qu'elle est imprimée. Nous y voyons une perte d'identité, comme nous le prouvent les systèmes d'exploitation d'Apple ou Android, qui utilisent chacun leur police, Helvetica pour l'un et Roboto pour l'autre. C'est quelque peu lassant, uniforme, et nous ne pouvons rien y changer.

Mais il y a pire! dirait le vieux du village, assis sur son banc et levant sa canne. L'utilisation massive des émojis. Tenez, je vous montre le message que j'ai envoyé lors du Nouvel An 2018 à de nombreux amis. Ce n'est pas une blague.

Tout le monde comprend ce qu'il peut vouloir dire, et le grand avantage, c'est qu'il est compréhensible dans n'importe quelle langue. Certains, comme le vieux du village, seraient outrés de recevoir un tel message. Ils penseraient sans doute, un peu à raison, qu'il est dommage de ne pas utiliser des mots, qui sont plus jolis et plus intimes. Pour d'autres, c'est une nouvelle façon de s'exprimer, plus universelle, qui a toute sa place. Quant aux Égyptiens, cela leur rappellerait les hiéroglyphes de la grande époque <3.

> Me concernant, je trouve que s'ils sont utilisés avec parcimonie et drôlerie, ils sont intéressants. Il faut néanmoins faire attention à ne pas oublier d'écrire aussi à la main.

Vous pourriez retrouver le plaisir de vous asseoir face à une table vide, devant une page blanche, un stylo à la main, et renouer avec votre style d'écriture. Il vous est unique, vous appartient. Ce sera notre première expérience pratique, une introduction à notre retour au réel, au bonheur des choses simples, à notre volonté de maîtriser les nouveautés numériques. Comme une sorte de première libération conditionnelle. Vous pourriez tout autant, pour plus de beauté, calligraphier cette même lettre, prendre le temps de l'écrire de la façon la plus jolie qui soit et ainsi retrouver un peu de zénitude.

> Action !
> Je vous propose de prendre le temps d'écrire une lettre à une personne qui vous est chère et d'aller la poster au plus vite, voire d'entreprendre, pourquoi pas, une correspondance avec elle.

En attendant, parlons de l'arrivée de l'écrit dans nos vies. En effet, nous n'avons jamais autant écrit qu'au troisième millénaire. Avec les blogs, les forums, les messageries instantanées – et nous en passons – l'écrit a pris une place quotidienne dans nos vies. Au début des années 2000, dans les médias traditionnels, d'aucuns s'inquiétaient du niveau de langue utilisé, le langage dit « SMS » étant pour beaucoup une hérésie. Notre vieux du village s'écrie-rait alors : « Nom de nom, ils n'ont aucun respect ! » Toutefois, les quinze touches des téléphones d'alors n'aidaient pas.

L'avènement des smartphones a changé la donne. À partir d'un certain âge et dans des environnements spécifiques comme le travail, les gens mettent un point d'honneur à écrire chaque mot correctement. C'est une façon d'exprimer de la politesse et de la sincérité.

Bon nombre d'utilisateurs de médias sociaux se feront un malin plaisir de vous indiquer votre manque de correction dans les com-mentaires. Nous y voyons là une évolution intéressante de l'huma-nité, en rappelant qu'à la base de l'histoire de notre espèce, après la préhistoire, c'est bien l'invention de l'écriture qui a fait loi. Ainsi, pour l'humanité tout entière, et non uniquement pour quelques lettrés de la noblesse comme dans l'Ancien Régime, utiliser l'écri-ture chaque jour est une évolution majeure. C'est, d'un point de vue cérébral, un recul nécessaire sur notre pensée, une manière de mieux la formaliser. Nous sommes, de plus, des *homo sapiens sapiens*, c'est-à-dire, si nous traduisons, des hommes pensant leurs pensées. L'arrivée de l'écriture de façon globale et perma-nente est un ancrage dans notre humanité et peut-être aussi une prochaine évolution de notre espèce...

Nous noterons toutefois que certaines personnes utilisent de manière disproportionnée les médias sociaux et le langage écrit et en oublient leur expressivité orale. Elles peuvent développer des symptômes de bégaiement ou des difficultés à communiquer, entre autres. Pour cela, un bon remède : se socialiser à nouveau de manière physique, dans la réalité.

Pour conclure, soulignons que certains d'entre nous écrivent désormais avec un doigt. Eh oui, de plus en plus, nous avons l'occasion d'écrire avec notre index sur des tablettes ou des smartphones, pour signer un document à la banque, par exemple. Nous écrivons un peu comme peignaient les hommes préhistoriques sur les parois de leurs grottes, ou encore un enfant sur le mur de sa chambre. Nous ne sommes définitivement pas au bout de nos surprises.

Lien social ou amitié profonde ?

Nous connaissons tous cet adage qui dit que l'on peut compter ses amis sur les doigts d'une main. Mais qu'est-ce qu'un ami ? Une personne sur qui l'on peut compter en tout temps ? À qui l'on peut se confier sur nos problèmes les plus intimes ? Chacun peut s'en faire sa propre idée. Nous dirons pour l'exemple qu'un ami est comme un parent que l'on aurait choisi.

C'est par ailleurs le plus souvent lors de l'adolescence que nous structurons notre rapport à l'amitié, car nous sommes en fracture avec nos parents, notamment. Ce n'est en aucun cas une bêtise, mais simplement la volonté de l'individu de devenir plus indépendant. À ce moment-là, le besoin se fait sentir de parler avec un autre qui comprend et ressent ce que nous vivons, ce que ni les parents ni même un avis sur des médias sociaux ne peut combler.

Nous constatons, dans une étude publiée par la Royal Society, que les médias sociaux servent principalement pour les adolescents à étoffer leur nombre de contacts, comme dans une sorte de compétition[23]. Toutefois, l'étude précise qu'à cet âge, la notion d'amitié est encore floue. Cependant, le nombre d'amis en ligne est souvent proportionnel à celui de notre bon vieux réel, comme si la socialisation, malgré les outils numériques, était en réalité propre à chacun. Nous notons que les adolescents ont, par rapport aux adultes, besoin de garder un contact réel plus récurrent avec leurs amis afin de maintenir un lien. De là à dire que ce sont leurs hormones qui travaillent, il n'y a qu'un pas!

D'autant que dans le web 3.0, les médias sociaux se sont diversifiés. Facebook s'avère plus utile pour rester connecté avec des rencontres superflues ou professionnelles, des personnes que l'on ne recroise pas régulièrement. Alors que Snapchat est, lui, plus intéressant pour rester très proche, du matin au soir, d'amis que l'on a rencontrés dans le réel et avec lesquels on a déjà construit une amitié durable.

Ce qui peut rassurer beaucoup de parents, c'est qu'un adolescent restera toujours un adolescent, soit un jeune individu en quête de sentiments, de convivialité, de sociabilité. Son monde n'est pas le nôtre, sa construction de jeune humain appartient à sa génération. Toutefois, il sera toujours du devoir des adultes de mettre des limites à son enfant, afin de le protéger de certains dangers.

Concernant les adultes, l'amitié étant une notion comprise et expérimentée, leur rapport aux médias sociaux est en train de changer. Ils font une différence claire entre ce qu'est un ami, un contact ou un futur client. Eh oui, on ne change pas le monde, les nouveaux médias du numérique sont devenus rapidement des outils professionnels. Certains de ces médias sont d'ailleurs spécialisés à cet effet, comme LinkedIn.

Évolution ou décadence progressive?

La question reste ouverte. Néanmoins, un sujet en particulier peut nous aider à y répondre : celui de l'impact des outils numériques sur notre mémoire[24].

Beaucoup d'entre nous se sont habitués à s'informer sur Internet, qui met une infinité de savoirs à notre disposition. Mais entre savoirs et mémorisations, le trajet s'avère extrêmement long. De la sorte, comme le signale le directeur du laboratoire Langage, mémoire et développement cognitif de l'université de Poitiers, Jean-François Rouet : « Les personnes qui s'habituent à utiliser Internet comme source d'informations et de fait, comme mémoire externe, ont tendance à faire moins d'effort pour mémoriser. »

Ainsi, nous évoluons dans notre approche mémorielle, ou du moins, à court terme. Inconsciemment ou par la force des choses, nous préférons mémoriser des mots clés qui nous permettront, une fois inscrits sur un moteur de recherche, de retrouver tout le détail de l'information désirée. Dès lors, nous retenons l'essentiel et non le tout. Notre système de mémorisation en est ainsi fortement impacté. Nous perdons en détail, mais gagnons en quantité d'informations diverses et variées.

Nous serions, si nous sommes conséquents, déjà à la porte de ce que certains nomment « l'homme augmenté », ou encore le « cyberhumain ». Notre mémoire interne, celle qui nous appartient en propre, est assistée par la mémoire externe universelle et proliférante du web, laquelle n'est ni plus ni moins qu'un cerveau externe commun à tout le genre humain. Encore faut-il savoir l'utiliser à bon escient et efficacement.

En outre, notre utilisation du web, le fait de surfer, d'aller d'une page à une autre, d'un réseau à un autre, de Facebook à Wikipédia en passant par la météo, tout en écoutant une conférence sur YouTube, a une autre conséquence sur notre mémoire, celle dite à court terme : elle est saturée ! Notre cerveau se retrouve surchargé, ce flux permanent diminue notre concentration. Il empêche notre cerveau de prendre le temps nécessaire pour traiter patiemment les informations recueillies et ainsi les mémoriser.

Nous pensons toutefois qu'il est difficile de juger le progrès, qu'il nous appartient de nous l'approprier et de le maîtriser, d'en faire un atout et non une contrainte. Bien que les GAFAM et les BATX, par exemple, fassent tout pour nous mettre des bâtons dans les roues, car le profit des uns peut faire le malheur des autres.

Besoin d'accomplissement	Être qui on est, grâce à la pleine utilisation et l'exploitation des talents, des capacités et des potentialités
Besoin d'estime	Être reconnu, aimé, accepté par soi-même et par les autres
Besoin d'appartenance	Être intégré dans un groupe, avoir un statut social, créer des liens
Besoin de sécurité	Rendre son environnement plus stable et plus prévisible, créer une zone de confort et un chez-soi où l'on se sent en sécurité
Besoins physiologiques	Dormir, se nourrir, boire, se vêtir

Source : https://fr.wikipedia.org/wiki/Pyramide_des_besoins

Chapitre 14
Le cocktail du « bonheur »

« Connais-toi toi-même. »

SOCRATE, philosophe

Comme le montre la pyramide de Maslow ci-contre, les besoins essentiels des humains sont multiples et d'une importance différente. Toutefois, pour notre accomplissement personnel, il nous faut les atteindre tous plus ou moins au cours de notre journée ou de notre semaine, afin de nous sentir bien, en osmose avec nous-mêmes.

Ne plus rechercher seulement le plaisir à court terme, mais le bien-être à long terme : c'est l'objectif. Nous cherchons non pas la sensation d'appartenir à la meute, mais de vivre en harmonie avec le groupe, ceux qui nous entourent dans le réel. Nos collègues, nos amis, notre famille. C'est exactement cela qu'ont compris les grands médias sociaux. Pour pouvoir nous prendre de l'attention, prospérer et faire un maximum de profits, ils nous octroient un semblant de satisfaction essentiel.

Certes, ils ne peuvent couvrir nos besoins vitaux, comme dormir, nous nourrir et nous hydrater, soit le bas de la pyramide. Néanmoins, ils peuvent parfaitement nous offrir un sentiment de sécurité, d'appartenance à une communauté, la sensation d'être estimé et aimé, ainsi que satisfaire notre volonté de nous accomplir en nous offrant des récompenses.

C'est l'heure de vous initier à une notion toute particulière : le FOMO[25] (*Fear of Missing out* en anglais, soit littéralement : la peur de rater quelque chose). Il s'agit d'une approche qui vise à rendre l'utilisateur mal à l'aise, lorsqu'il ne consulte pas ses différentes applications, notamment sous l'effet du cortisol. Cela va le pousser à consulter son smartphone de manière automatique et répétée pour s'assurer de ne rien rater d'important. Et souvent, après vérification, il n'y avait effectivement pas grand-chose d'essentiel. Mais ce sentiment est bien présent au quotidien.

La discipline qui s'est développée autour de ce phénomène, entre autres, porte le nom de captologie[26]. En somme, c'est l'étude de l'informatique et des technologies numériques comme outils d'influence, de persuasion des individus. Ce domaine de recherche a pour but d'explorer les liens entre toutes les techniques de persuasion en général, ce qui inclut l'influence, la motivation, le changement comportemental et les différentes technologies numériques. Sont étudiés la conception, le design, la recherche et l'analyse fonctionnelle des *softwares*, des logiciels, des applications, créés dans l'objectif de changer les attitudes et les comportements des individus. Pour parler plus clairement : comment refermer le piège afin de capturer notre temps ! Toutefois, nous pouvons y échapper. Ainsi, nous vous offrons une action à effectuer le plus régulièrement possible.

> **Action !**
> Elle est très simple : il s'agit de ne pas toujours avoir son smartphone avec soi, de réapprendre à ne pas le consulter systématiquement lorsque nous avons un moment de libre.

Au contraire, tenter de laisser son esprit vagabonder, ou bien d'observer, ressentir, goûter, toucher et entendre ce qui se déroule autour de nous, car le cocktail du « bonheur » est à la fois sucré, un peu salé, frais à boire et surtout très enivrant. On en redemanderait.

Les médias sociaux et autres plateformes en ligne vous servent un cocktail très différent. Ils parviennent de diverses manières à stimuler nos neurotransmetteurs du bonheur en mélangeant le stress (notamment le FOMO), la curiosité (en ayant toujours du nouveau contenu à vous proposer) et le fameux système de récompense avec notre besoin d'attention et notre recherche de statut. Le smartphone est donc une sorte de shaker 2.0 multi-fonctionnel toujours prêt à nous servir ce cocktail de faux bonheur. Il est toujours à notre portée, dans notre poche. Méfiez-vous de sa dangereuse concoction.

Malheureusement, la tentation numérique est irrésistible lorsqu'elle nous apporte ce que nous recherchons tous : la validation sociale. Un simple "like" nous indique qu'un parent, un ami ou une connaissance apprécie l'une de nos actions ou de nos pensées. Grâce à ce stimulus, les bêtes de somme que nous sommes deviennent dépendantes de la technologie qui leur apporte cette affirmation.

Imaginons que j'aie eu une très mauvaise journée, comme ceci arrive à chacun d'entre nous. Il a fait un temps affreux, j'ai passé deux heures dans les embouteillages et ce matin, j'ai reçu une facture de mon garagiste quelque peu exorbitante. Eh bien, une solution rapide et simple s'offre à moi : je peux poster une photo sur Instagram et, à chaque nouveau *like*, recevoir une petite dose de dopamine. Voici la force des médias sociaux, celle de pourvoir à tous nos besoins de façon quasi instantanée. Il est vrai que pour me détendre de cette journée pour le moins mauvaise, j'aurais pu appeler un ami proche ou me changer les idées en cuisinant un bon petit plat. Mais ma journée, si fatigante, ne me donne pas envie de fournir des efforts supplémentaires. Alors, lorsque la facilité se présente en deux clics sur mon smartphone, pourquoi ne pas y succomber ? Dès lors, sans m'en rendre compte, j'enrichis les médias sociaux, en argent et en connaissances intimes me concernant – les fameuses données numériques.

La question, désormais, que nous devons nous poser est celle-ci : est-ce que je me connais mieux que la technologie ne me connaît elle-même ? C'est la question du *big data*. Suis-je davantage maître de mon destin que les plateformes numériques qui contrôlent mon existence[27]? Elles connaissent et analysent en profondeur mes attentes, mes envies, mes amours et mes passions, jusqu'à m'en détourner.

Un concept a par ailleurs été explicité grâce à un militant d'Internet nommé Eli Pariser : la bulle de filtres, en anglais *filter bubble*[28]. Cette formule désigne le filtrage de l'information qui parvient à l'internaute ainsi que l'état d'isolement intellectuel et culturel qui en résulte. Nous sommes dès lors bloqués dans notre propre connaissance, sans moyen de la diversifier, d'atteindre de nouveaux sujets de savoir ; comme dans notre propre bulle.

Lorsque nous *likons* une photo, un article ou une vidéo sur Facebook, nous donnons une information, nous disons à l'ordinateur, à l'intelligence artificielle et à ses algorithmes, que ceci nous intéresse.

Prenons alors un exemple de la vie numérique quotidienne. Nous sommes sur YouTube et nous souhaitons regarder les dernières épreuves olympiques de patinage artistique. Le grand événement par excellence ! À la fin de la vidéo, nous y mettons un pouce en l'air, preuve que nous avons apprécié ce moment. YouTube nous proposera d'autres vidéos sur le même sujet. Nous en regarderons d'autres, comme celles des championnats du monde, puis d'Europe. Jusqu'au jour où le média social nous proposera le concours de patinage artistique d'une ville perdue au fin fond de la Sibérie.

Ceci est le fonds de commerce de tous les médias sociaux : faire en sorte que nous restions le plus longtemps possible sur leurs sites. Vous pouvez faire le test rapidement et constater à quel point cela fonctionne.

 Pour découvrir tous les ingrédients du cocktail du bonheur, c'est par ici.

Le *filter bubble* peut devenir réellement dangereux sur un point, celui de la démocratie. Les citoyens s'enferment dans leurs convictions, sans s'ouvrir à la contradiction qui est pourtant le principe fondateur d'une démocratie saine. Nous tournons indéfiniment dans les mêmes idées, perdons notre esprit critique et notre capacité de réflexion. Les vidéos ou les commentaires que nous regardons vont toujours dans le sens de ce que nous croyons. Nous sommes dès lors moins exposés aux autres opinions. Tout cela est bien rodé par les médias sociaux.

D'ailleurs, Barack Obama a dénoncé de manière frontale l'impact de « notre manière de communiquer et de consommer l'information via les médias sociaux sur nos démocraties ». Il a exposé son point de vue lors d'un discours tenu le 21 avril 2022 au cœur de la Silicon Valley, à l'université de Stanford.

Retrouvez les moments clés du discours de Barack Obama sur la chaîne YouTube de l'Université de Stanford, publiée le 22 avril 2022, en scannant ce code QR.

En moyenne, un utilisateur de Facebook *like* 227 fois par an, selon une étude qui date déjà de 2015. Imaginons, sans trop nous avancer, que ce chiffre ait augmenté. Selon les chercheurs, ce nombre suffit pour que l'algorithme vous connaisse mieux qu'un ami proche et presque autant que votre conjoint. D'après les chercheurs, il suffit de 10 likes pour que Facebook vous cerne mieux qu'un collègue, 70 pour être plus proche de vous qu'un ami moyen et 150 pour surpasser n'importe quel membre de votre famille[29].

Qu'en est-il de nous-mêmes ? Cette question n'est pas résolue. Nous pouvons simplement nous dire que si YouTube ne nous proposait pas des vidéos que nous pourrions aimer, nous nous sentirions sans doute pris au dépourvu, sans savoir exactement ce que nous souhaitons regarder à l'instant présent, tellement nous avons perdu cette belle habitude de vouloir par nous-mêmes.

C'est justement le moment de vous proposer un exercice rapide qui va sûrement se révéler surprenant ! C'est une application développée par l'université de Cambridge afin de connaître ce que Twitter, LinkedIn et Facebook savent sur nous. Elle nous permet de découvrir notre personnalité numérique, ce que notre profil dit de nous.

 Eh oui ! Cela existe et voici le lien. Prévoyez une quin-zaine de minutes et nous vous recommandons d'utiliser un laptop pour réaliser ce test.

Vous allez peut-être en apprendre beaucoup plus que vous ne l'imaginez. C'est un bon moyen pour découvrir à quel point les médias sociaux nous connaissent, à quel point nous leur avons offert sur un plateau tout ce qui est bon à savoir concernant notre intimité.

Cependant, dans les médias sociaux, nous jouons un rôle par-ticulier. Nous avons une image qui n'est pas la même que dans la réalité ; elle lui ressemble comme un miroir déformant notre reflet. Une sorte de Narcisse.

Une publicité a par ailleurs fait le buzz en ce sens : un faux voyant a fait semblant de connaître la vie des gens comme s'il était dans leur tête, alors qu'il était juste allé regarder leur profil sur les médias sociaux. Voici peut-être la preuve que le troisième œil existe...

 Pour visionner la chaîne Dailymotion de Twizees, dont la vidéo qui se nomme « Un voyant qui se sert de Facebook » publiée en 2013, c'est par là..

Toutefois, cela peut aller beaucoup plus loin. Une étude d'oc-tobre 2018 démontre que l'on peut deviner, en analysant le lan-gage des textes postés par un individu sur les médias sociaux, s'il est en dépression, ou s'il le sera bientôt. Ainsi, nos interactions sur ces médias présentent une fenêtre d'informations concer-nant notre santé mentale. Certains diraient que c'est une bonne nouvelle, car nous pouvons prédire un burn out, par exemple, et prendre les devants. Évidemment, les autres implications que peut avoir cette étude au sujet de notre vie privée sont, elles, beaucoup moins positives.

Ainsi, n'importe quel média social peut parfaitement ana-lyser votre pensée et en conclure votre orientation politique, philosophique, spirituelle. *Big Brother* vous écoute ! De là à dire qu'il devient facile pour les grands acteurs du numérique d'influencer vos opinions et même, de faire gagner une élection à un homme ou une femme politique dévouée à leur service... Nous pouvons penser que ce pas est déjà franchi.

Dans ces circonstances, il est grand temps de prendre sa vie en main, de ne plus la donner à la *Big Tech*, de redevenir, tels nos ancêtres, des êtres de liberté et de renouveler notre souveraineté individuelle.

Comment me retrouver ? Premier exercice

La première question que l'on doit se poser, la plus essentielle, est celle-ci : est-ce que j'utilise trop mon smartphone ? Tout est dans le trop[30] ! Est-ce que je l'utilise parce que j'en ai besoin ? Pour appeler un ami ou un collègue par exemple, ou pour prévenir d'un retard ou prendre des nouvelles ? Pour programmer un rendez-vous ? Ou alors serait-ce pour écouter une musique qui me détend ?

Ou est-ce que je l'utilise par réflexe ? Pour scroller ma page Facebook ou Instagram comme on zappe devant la télé.

Ainsi, nous vous invitons à prendre une petite minute de votre temps afin de vous remémorer comment c'était avant, lorsque vous n'aviez pas cet objet avec vous.

> Action !
> Prenez une feuille, un crayon et notez les différences dont vous pouvez vous souvenir. Le but de cet exercice est de voir physiquement sur une feuille ce qui a changé dans vos vies afin d'en prendre véritablement conscience.

Par exemple : je lisais un livre dans le bus ou j'écoutais de la musique et maintenant, je fais ceci ou cela avec mon smartphone. Le dimanche après-midi, je sortais me balader et maintenant, je regarde des vidéos YouTube dans mon lit...

Avant d'avoir un smartphone, j'envoyais environ 10 SMS par jour et je passais 2 appels. Maintenant, j'écris 20 SMS, je passe toujours 2 appels, mais j'envoie une cinquantaine de messages via Messenger, je *like* plusieurs photos sur Instagram, je partage 3 vidéos YouTube. Avant, je pouvais me concentrer sans peine pendant de longs instants, sans devoir vérifier continuellement, en automate, si je n'avais pas de nouvelles notifications sur mon smartphone.

Combien de temps, dès lors, consacrez-vous en plus à votre vie virtuelle ? Finalement, est-ce que vous êtes plus heureux aujourd'hui ? Est-ce que vous vous sentez mieux dans votre peau ? Est-ce que vous avez de réels liens, intimes et forts, avec ceux avec qui vous discutez sur Messenger ? Votre vie sociale s'en trouve-t-elle améliorée ? Ce sont les réponses à toutes ces questions, et d'autres, que vous devez trouver. Car cela constitue votre bien-être général, votre plaisir de vivre et de vous épanouir.

Il vous faut savoir si, dans l'absolu, quand vous utilisez votre smartphone, vous allez exactement où vous vouliez vous rendre, ou si l'intelligence artificielle vous emmène quelque part où vous n'aviez aucune envie d'être !

Comment le numérique nous dévore-t-il ?

Le numérique est un peu comme la boîte de Pandore : merveilleuse, pleine de richesses pour l'humanité. Mais prenons-y garde ! Elle peut rapidement nous dévorer de l'intérieur, nous rendre fous, nous détourner du vrai sens de la vie et au bout du bout, nous essorer vitalement et prendre le contrôle de notre existence.

Yuval Noah Harari, historien et écrivain, a eu une idée à ce sujet :

« La technologie n'est pas une mauvaise chose en soi. Si vous savez ce que vous voulez dans la vie, elle peut vous aider à l'obtenir. Si vous ne le savez pas, ce sera un jeu d'enfant pour elle de façonner vos objectifs à votre place et de prendre le contrôle de votre existence. La technologie parvenant à mieux comprendre les humains, vous pourriez vous retrouver de plus en plus à son service au lieu d'être servi par elle. »

Pour mieux comprendre notre asservissement, nous vous aidons à y voir plus clair grâce au code QR qui vous dirige vers le site Visual Capitalist et vous démontre comment la consommation des médias a évolué au cours de la dernière décennie (2011-2021). Étude publiée par Ali Aran le 28 avril 2021.

Le numérique étant programmé pour nous connaître de mieux en mieux grâce ou à cause de l'intelligence artificielle, il va, si nous n'y faisons pas attention, nous asservir. Il ne sera plus un outil à notre service, mais nous serons des corps au service de sa volonté : nous faire consommer du vide, de l'inutile, pour son profit. Car être connecté, ce n'est rien moins que donner, sans aucune contrepartie, nos données – notre âme, en quelque sorte – et les moyens de nous corrompre. Lorsque nous travaillons et donnons du temps à une entreprise, nous sommes en droit, et c'est par ailleurs la loi, d'attendre une juste rémunération. Plus nous apportons une plus-value à cette entreprise, plus notre salaire est élevé.

Tout le temps que vous passez sur les réseaux pour vous distraire et sans valeur ajoutée pour soi est un temps perdu. Il aurait pu être utile pour travailler et gagner de l'argent, ou pour vous améliorer dans une passion particulière, et même pour passer du temps avec votre famille, ce qui est inestimable.

Vous êtes-vous déjà posé la question de ce que les GAFAM et autres BATX font de vos données ? Eh bien, la réponse est d'une grande simplicité : ils les vendent.

Par exemple, une adresse postale vaut entre 20 et 65 centimes[31], parce qu'il est intéressant de connaître votre adresse postale pour vous envoyer une publicité papier. Toutefois, vendre à une entreprise une adresse postale au hasard n'a pas grand intérêt. Voici pourquoi cela n'est pas très cher payé. Toutefois, si on vend cette même adresse à une entreprise de motos en sachant, grâce à vos données, que c'est votre passion, on peut vite faire monter les prix.

Les différentes manières de faire beaucoup, beaucoup d'argent avec nos données sont multiples. Voici par ailleurs la raison pour laquelle nous appelons le *big data* « l'or gris[32] ». Ainsi, plus vos données sont naïvement et gracieusement données, plus les publicités sont précises et ciblées. Donc, plus les marges générées par le chiffre d'affaires sont importantes, plus la *Big Tech*, les GAFAM et les autres augmentent la valeur de leurs actions au Nasdaq, la bourse de Chicago dédiée aux technologies, plus les actionnaires s'enrichissent. Et vous, vous gagnez quoi, dans tous ces milliards de dollars générés ?

Comment cela fonctionne-t-il ? C'est simple : grâce aux métadonnées. « Méta » signifie « en masse ». La récolte de millions de données, sur des milliers d'utilisateurs, permet d'identifier quels seront leurs désirs d'achats prochains vis-à-vis de l'attitude de centaines d'autres utilisateurs qui ont eu le même cheminement qu'eux.

Nous pourrions nous dire que nous sommes contents d'avoir des publicités ciblées, que c'est le juste prix en échange de toutes les données que nous concédons. Mais avions-nous vraiment envie de faire tel ou tel achat téléguidé par la Big Tech ? Était-ce bien utile à notre bonheur ? Cet achat, en avions-nous forcément besoin ? N'aurions-nous pas donné nos données pour ensuite dépenser notre argent dans un objet qui nous est au fond parfaitement inutile ? Et ce, sans nous en rendre compte, en trois clics, en trente secondes, lors d'un achat compulsif. En d'autres termes : ne serions-nous pas tombés dans le panneau ?

Dès le début, nous nous sommes fait avoir, dès la première utilisation d'une application ou d'un média social, lorsque nous avons accepté les conditions d'utilisation lors de notre inscription sans les lire... Inscription lors de laquelle nous avons déjà, pour tout dire, donné nos informations personnelles. Nous offrons gracieusement une grande partie de notre intimité, véritablement. Ils n'ont alors plus qu'à nous demander notre consentement pour utiliser le contenu que nous y postons.

Une question : vous êtes sans doute inscrit sur des médias sociaux. Eh bien, avez-vous lu les conditions d'utilisation en entier ? Comme 95 % des utilisateurs, la réponse est sûrement non. Cependant, savez-vous que toutes les photos postées sur Facebook ou Instagram comprennent une licence d'usage mondial ? Ainsi, une photo d'un arbre dans votre jardin peut très bien se retrouver dans une publicité aux États-Unis. « C'est gentil, bien aimable ! » pourraient vous dire les patrons de ces médias sociaux[33]. Pourtant, il ne vous viendrait jamais à l'idée d'aller voir un inconnu dans la rue et de lui donner, en souriant, les albums photos de toute votre enfance ou de votre adolescence.

La blockchain et les cryptomonnaies, à leur création, offraient une perspective de décentralisation, permettant à l'utilisateur d'être le seul propriétaire de ses données.

Après une croissance exponentielle s'ensuivit une énorme crise, due notamment à des problèmes de sécurité, de défaillance dans la gouvernance et de gestion hasardeuse de certains acteurs générant des pertes colossales. Le doute s'est essaimé auprès des investisseurs et des institutions, nous rappelant la débâcle du début des années 2000 et de l'explosion de la bulle Internet. Les belles promesses initiales d'un monde plus décentralisé et sécurisé feront peut-être place à un environnement mieux contrôlé par le régulateur, afin de pouvoir bénéficier durablement de ces innovations, et éviter des dérives.

Pour conclure ce chapitre, nous vous rappellerons une phrase digne de ce siècle : « Quand c'est gratuit, c'est vous le produit. » Ou, comme le disait de façon plus subtile Jaron Lanier, l'inventeur de la réalité virtuelle : *« C'est le changement graduel, léger et imperceptible de votre propre comportement et de votre perception qui est le produit... »*

Avec le cocktail du « bonheur » qu'utilise la Big Tech, elle vous rend dépendant et à son service. Vous l'utilisez et, finalement, vous la financez. Par des sensations de bonheur, bien irréelles, elle vampirise vos données et prospère sur votre intimité.

Mais aussi sur votre santé.

Chapitre 15
La santé, c'est du réel !

« Prendre soin de votre corps, de votre esprit et de votre âme
est votre plus grande responsabilité. Il s'agit d'écouter les
besoins de votre âme et de les honorer. »

Kristi LING, écrivaine

Le numérique a un impact non négligeable sur notre santé.
Bien plus encore, sur celle de nos enfants. Leur cerveau n'étant
pas « fini », leur développement encore en cours, l'abus d'écran
ainsi que les interactions digitales peuvent avoir de lourdes
conséquences sur leur bien-être physique et mental.

Voici la raison pour laquelle nous débuterons ce chapitre
par les dégâts que peut engendrer la consommation, sous
toutes ses formes, des outils numériques – comme la tablette,
le smartphone ou encore l'ordinateur – sur nos chers enfants.
Commençons par quelques chiffres concernant les enfants
occidentaux.

Entre 2 et 8 ans, ils passent environ 2 h 45 à 3 heures par jour sur les écrans. De 9 à 12 ans, la durée passe à 4 heures et 40 minutes. De 13 à 18 ans, on dépasse 6 heures 40, tous écrans confondus. Annuellement, ces chiffres semblent encore plus percutants. Pour les élèves de maternelle, donc de 3 à 6 ans, « l'usage du numérique atteint 1 000 heures, soit plus que le nombre d'heures d'activité scolaire », selon Michel Desmurget, chercheur spécialisé en neurosciences cognitives. Pour un élève de cours moyen, c'est l'équivalent de deux années scolaires, soit 1 700 heures, soit l'équivalent, toujours selon ce dernier, « d'un an d'emploi à temps plein ». Quant aux élèves du secondaire, on atteint les 2 400 heures[34] !

Évidemment, il est encore trop tôt pour évaluer scientifiquement les conséquences, aussi bien physiologiques que cérébrales, que peut engendrer une telle activité sur des corps et des cerveaux en pleine croissance. Nous sommes devant une grande inconnue. Néanmoins, à l'encontre de certaines idées reçues, nous savons que ce temps consacré à l'écran n'améliore en aucun cas les aptitudes des enfants. Les premières constatations sont d'ailleurs assez alarmantes. Sur la santé purement physique, les récentes études montrent une augmentation de l'obésité, du risque cardiovasculaire et une espérance de vie réduite. Concernant le comportement, on remarque une plus forte agressivité, de la dépression[*] ainsi que des conduites à risques. Au sujet des capacités intellectuelles, le langage est touché, la concentration ainsi que la mémorisation diminuent. Il est dès lors évident que ce n'est pas la meilleure façon d'aborder sa vie et encore moins sa réussite scolaire.

Clairement, le smartphone ainsi que le design persuasif des applications ou des sites web jouent un rôle majeur afin de captiver l'attention et la détourner du réel. Denham Smith donne notamment l'exemple d'une personne qui, pour rester concentrée, va éliminer toutes sources de distraction technologique prévisibles. Par exemple, en éteignant les appareils à proximité, de la LED d'une télévision en veille à une prise électrique, en faisant taire

[*] La dépendance, l'addiction, l'anxiété et la dépression sont des maladies qui doivent être prises en charge par un thérapeute spécialisé dans ces domaines.

son téléphone et ses notifications, en coupant le courrier électronique de son ordinateur, on crée un environnement visuel et auditif parfaitement étanche à la moindre intervention numérique. On peut dès lors se plonger dans une activité cérébrale, creuser un sujet et éviter une coupure dans sa réflexion. Restons zen.

Ryan Ward, dans un ouvrage collectif, fait référence à des études démontrant que la réduction de la distraction numérique augmente de façon significative les capacités cognitives[35]. Pour cela, on peut changer son smartphone pour un téléphone plus ancien, ou alors utiliser une application qui filtre et limite les notifications des autres applications. Pourquoi pas ? Cependant, Ryan Ward affirme également que, malgré une utilisation moins intensive de leur smartphone et l'augmentation de la concentration, il reste compliqué d'avoir une attention soutenue tant la tentation de vérifier le téléphone reste présente dans une partie de la tête, quelque part, on ne sait où, tel un saboteur sur notre épaule. Ainsi, le simple fait d'avoir un smartphone proche de nous réduit nos capacités cognitives.

Action !
Mettez votre smartphone dans une autre pièce, éloignez-vous de l'objet. On peut même aller jusqu'à dire qu'il ne faut pas le poser sur sa table de chevet ni dans sa chambre à coucher lorsque nous allons dormir.

Le numérique a un impact majeur sur notre sommeil. Quelles sont les fonctions fondamentales du repos ? Il sert, bien entendu, à récupérer physiquement de sa journée, car, pendant la nuit, nos cellules se régénèrent. Le cerveau peut s'éteindre, du moins diminuer son activité et recharger ses batteries, pour faire simple. Pour faire compliqué, c'est une question d'ondes électromagnétiques, lesquelles varient selon la phase d'activité cérébrale. Notre cerveau peut aussi « archiver », puis classer toutes les informations reçues dans la journée. Il développe de nouvelles cellules, de nouvelles connexions neuronales qui participent à notre mémoire. En effet, le sommeil est une activité des plus cérébrales. Il aide à désintoxiquer notre cerveau pour éliminer toute la chimie périmée qu'il a créée durant la journée. Enfin, le sommeil nous permet de traiter les émotions quotidiennes et maintenir notre stabilité émotionnelle. Il s'agit de préserver notre santé mentale. En conséquence, lorsque l'on sait que 50 % des adultes et 80 % des adolescents dorment moins que ce qui est recommandé, de nombreux problèmes liés à ce manque de réparation naturelle et à la qualité du sommeil ressortent.

Les informations qui suivent vont peut-être remettre en question la vision que vous avez de votre propre sommeil, ce qui pourrait s'apparenter à un réveil brutal… Mal dormir, ou peu, provoque systématiquement une perte cognitive, ce qui signifie des difficultés à l'innovation, à la flexibilité de la pensée, à éviter les distractions de toutes sortes, à évaluer les risques, à mener une réflexion ainsi qu'à communiquer clairement. C'est déjà beaucoup. Si seulement il n'y avait que ça… D'autres conséquences sont en jeu. Citons-les brièvement : la réduction de notre capacité de concentration, de créativité, la baisse de la qualité de jugement, l'impact sur la prise de décision, le manque d'énergie et donc le fait d'être moins alerte, mais aussi des problèmes de mémoire[36], de l'irritabilité, des maux de tête, des problèmes de digestion, une fatigue générale, une perte de l'envie d'exercer du sport, la recherche d'une alimentation rapide et souvent peu équilibrée.

La question du sommeil est inévitable lorsque l'on parle de santé et encore plus du numérique. L'utilisation d'écrans avant de se coucher, avec la lumière bleue qu'ils diffusent, s'avère néfaste. En effet, elle coupe la sécrétion de mélatonine, l'hormone du sommeil, qui se réveille vers 19 h 30 et disparaît progressivement dès 4 h. Mais ce n'est pas tout : le fait d'être connecté jusqu'au bout de la nuit, sans pouvoir lâcher prise, provoque des troubles du sommeil chroniques. Pourtant, il s'agit du moment le plus important de la journée, si nous osons le dire.

Action !
Activez le « Night Shift » ou le « Confort Visuel » sur vos smartphones, tablettes et ordinateurs dès 19 heures, et ce jusqu'à 7 heures. Votre écran sera alors orange grâce à un réglage de

la luminosité et de la température. Vous ne serez ainsi plus exposé aux rayons de lumière bleue.

Mon conseil : ce sera troublant au début pour vos yeux, mais petit à petit, la lumière bleue sur vos écrans deviendra pour vous une anomalie.

Chapitre 16
Bien-être numérique au travail

« Métro, boulot, dodo. »

Pierre BÉARN, poète

Nous connaissons tous cette expression : métro, boulot, dodo. Elle remonte à l'année 1968 et a été formulée par Pierre Béarn, un homme de lettres qui, sur la base d'un vers écrit en 1951, faisait déjà référence à la routine quotidienne des habitants de Paris. Ces derniers n'avaient plus que pour seules habitudes de prendre le métro, se rendre au bureau, pour enfin se remettre au lit. L'auteur pointait une certaine déshumanisation qu'avait créée l'exode rural.

En effet, à cette époque, on quittait les campagnes, la vie sociale et champêtre, afin de trouver du travail en ville, fortement encouragé par différentes publicités : « L'avenir, c'est l'individu ! » On ne cherchait plus le foyer familial traditionnel, mais l'émancipation de l'être, loin de son territoire d'origine. C'était aussi l'époque de l'arrivée progressive de la télévision. Les hommes et les femmes se sont déconnectés progressivement les uns des autres. Ils se retrouvaient seuls sur leur canapé et regardaient tous la même chaîne de télévision, sans plus se parler, ni se rejoindre le soir.

« Métro, boulot, dodo, télévision » constituait ainsi un tunnel duquel on ne sortait jamais, hormis lors des congés payés. Cela a bien évolué de nos jours. Nous pouvons toutefois entrevoir des similitudes, la différence est simplement technologique. Nous changerions ainsi cette expression par celle-ci : « Scroll, boulot, scroll, insomnie. »

Bon, nous exagérons sans doute un peu. Certainement. Cependant, nous sommes persuadés de ne pas être si loin de la réalité. En effet, nous *scrollons*[37] en moyenne 184 mètres par jour, soit l'équivalent d'un immeuble de 46 étages, ce qui représente annuellement 67 160 mètres, un immeuble de 16 790 étages, ou encore la hauteur de 203 tours Eiffel. Le tunnel quotidien est toujours là, simplement agrémenté de néons de toutes les couleurs. Il faut avouer que sans nous en rendre compte, ce tunnel est épuisant pour notre cerveau. La masse d'informations, pour la plupart inutiles, que nous absorbons en *scrollant*, se révèle être un effort prodigieux pour lui. *Nous ne surfons plus sur le Net, nous y faisons de la plongée sous-marine*. Avec une pression écrasante et des conséquences majeures sur notre bien-être.

De plus, une étude effectuée par Gloria Mark, professeure au département d'informatique de l'université de Californie, démontre que seulement 30 secondes utilisées pour consulter Twitter nous font perdre 23 minutes et 15 secondes de concentration[38]. Ainsi, en arrivant au travail, nous sommes en quelque sorte déjà fatigués mentalement. Notre cerveau, depuis notre réveil, a épongé une bonne grosse dose d'informations. Notre attention, quant à elle, est distraite par notre smartphone, lequel va nous submerger à tout moment avec une nouvelle donnée. Notre concentration est dès lors gravement diminuée.

La tâche que nous sommes censés accomplir devient presque secondaire. Nous la réalisons de manière automatique, sans qualités. Nous sommes moins performants, moins créatifs. En somme, notre productivité se détériore. Sans parler de l'obligation moderne à devenir multitâche. Théo Compernolle a dit à ce propos : « Le multitâche, c'est comme utiliser un couteau suisse avec toutes les lames ouvertes. » Entre les mails, l'impact de nos connexions diverses et constantes à Instagram, Facebook, LinkedIn, nos messages instantanés sur Slack, Teams ou WhatsApp qui nous agressent avec leurs notifications, le téléphone fixe qui sonne, les rendez-vous sur Zoom, les horaires variables et bien sûr le travail que nous avons à faire, si nous en avons encore le temps, il est facile de comprendre que nous sommes atomisés. De la sorte, nous nous trouvons en difficulté pour nous concentrer pleinement et réaliser vraiment ce pour quoi nous sommes payés, avec le maximum d'efficacité.

Larry Rosen et Alexandra Samuel ont écrit à ce propos dans le magazine *Harvard Business Review*, en juin 2015 :

> « Cette culture de connexion constante a des conséquences, à la fois professionnellement et personnellement. Nous perdons du temps, de l'attention et de l'énergie sur des informations et des interactions peu importantes, et sommes occupés, mais en produisant très peu de valeur. »

Heureusement, notre patron a les mêmes problèmes. Son attention à lui aussi est tellement réduite qu'il ne se rend pas compte de notre non-performance. Effectivement, les patrons ou les cadres, au-delà de tous les soucis évoqués ci-dessus, doivent en plus prendre des décisions. Une décision se pèse et se soupèse. Les résultats sont en jeu et peuvent être dramatiques pour une entreprise ou, au contraire, bénéfiques. Il faut non seulement de la concentration, mais aussi de l'introspection. Le pour ou le contre, cela se pense, ce qui est inévitablement dérangeant quand le monde extérieur vous rappelle à lui par une petite musique de smartphone.

Le surmenage lié à toutes ces informations ou interactions inutiles peut donc amener un cadre ou un patron à ne pas prendre la bonne décision, à le faire dans une urgence malsaine ou une irritabilité inconsciente, allant même parfois jusqu'à détériorer les rapports sociaux avec ses salariés. Et cela, les grandes entreprises du numérique l'ont parfaitement intégré. Elles ont même devancé les effets des causes qu'elles engendraient, bien renseignées sur leur impact sur la vie des hommes et des femmes[39].

C'est ainsi que ces entreprises ont créé le « *soft management* » : il consiste à donner une certaine liberté à leurs salariés afin qu'ils gèrent leur temps, leur créativité et leur productivité comme ils l'entendent, à la seule condition que les résultats attendus soient au rendez-vous. Pour ceci, elles favorisent le bien-être de leurs employés, en leur permettant de faire des siestes, du sport en équipe pour améliorer leur cohésion, tout en leur mettant le moins de pression possible. Cela a fonctionné. Elles ont prospéré et sont devenues les GAFAM.

Le phénomène a fait naître de nombreux séminaires qui, par la présence d'intervenants, offrent aux salariés, mais aussi aux entrepreneurs, des solutions pratiques afin d'être moins exposés aux tentations digitales. Les réponses apportées sont souvent bénéfiques pour l'entreprise, car elles améliorent le bien-être, la santé mentale des salariés, la prise de décision des cadres ou des patrons, la cohésion et le retour à une vie sociale dans l'entreprise, permettant de retrouver l'effort collectif.

Toutes ces initiatives apportent de la satisfaction et de l'engagement aux collaborateurs, un meilleur équilibre entre vie privée et professionnelle. Elles réduisent leur niveau de stress, augmentent leur productivité et finalement l'attractivité de l'entreprise concernant le recrutement et l'acquisition de talent. Aussi, les salariés renouent avec la joie d'aller au travail et d'y exercer leurs pleines compétences. Comment, finalement, redonner au travail sa valeur d'accomplissement personnel[40].

Il faut aussi évoquer le télétravail et ses conséquences à court terme, en espérant que l'humain trouvera des solutions à ces obstacles sur le long terme. La perte du cadre professionnel ainsi que la chute des interactions sociales et de la perception du statut affaiblissent considérablement le taux de dopamine généré. Dès lors, cela conduit à une perte de joie, de bonheur à la tâche. La motivation s'en ressent. Ceci a pour effet de décourager la prise de décision et alors l'engagement et la productivité. Il s'agirait dans l'avenir de moduler la liberté acquise par le télétravail. Imaginons deux à trois jours par semaine en équipe en présentiel, pour apporter un réel sentiment d'action le reste de la semaine.

C'est d'ailleurs ce que constate Sebastian Matoso, expert en création et développement de start-up à Bruxelles. Pour jongler entre toutes les obligations et contraintes du monde du travail et réussir à trouver un équilibre, il affirme : « Mieux vaut apprendre à bien gérer son emploi du temps en prévoyant des moments où l'on est joignable et d'autres pour se concentrer à 100 % sur nos tâches, le tout entrecoupé par des temps de pauses indispensables pour garder l'esprit clair. » C'est un peu comme lorsqu'on planifie une réunion. On doit le faire avec professionnalisme, anticiper les besoins et le déroulement par étapes pour en assurer le succès. Sebastian a vu trop de fondateurs de start-up qui se retrouvaient à bout, accablés par toutes les demandes effrénées par heure, par jour et par semaine. L'instantanéité était devenue une règle et une attente non officielle, mais bien présente.

Ce rythme est une catastrophe, autant au niveau professionnel que privé[41].

Se concentrer sur la performance pour les sportifs d'élite, une capacité de plus en plus difficile à mettre en œuvre avec le numérique ?

Le numérique à grosse dose a aussi un impact négatif sur les sportifs de haut niveau. Ceux-ci doivent gérer, en plus de leurs entraînements et compétitions, leur marketing digital, leurs engagements avec leurs sponsors et les critiques de leurs supporters. Ils sont en effet souvent attaqués sur les médias sociaux lorsque leurs résultats ne sont pas en accord avec les attentes de leur public. Ou pire, insultés par les supporters de leur adversaire, d'où l'importance pour eux d'avoir une relation distante avec les médias sociaux. Il est primordial qu'ils n'affectent pas leur moral, leur propre estime, leur confiance en eux, leur concentration et évidemment le développement d'une force mentale apte à leur offrir une amélioration constante des performances, le dépassement de soi. Beaucoup d'entre eux ont appris des dernières années, ils mettent désormais une plus grande distance et collaborent avec des *community managers*, des coachs mentaux ou des mentors. Ainsi, ils peuvent rester concentrés sur leurs objectifs, leurs entraînements, leur passion sportive[42].

À l'automne 2021, le tennisman Roger Federer a communiqué à ce sujet ; nous vous proposons une partie de sa prise de parole, qui à nos yeux, résume bien le problème :

> « Les dix premières années de ma vie, il n'y avait pas de médias sociaux, je n'avais peut-être qu'un site web, puis les dix années suivantes, ils étaient partout. [...] Je pense que nous devons aider, coacher et encadrer davantage la jeune génération. Je ne peux pas m'imaginer vivre le début de ma carrière avec les médias sociaux. Je n'ai aucune idée de la façon dont j'aurais géré la situation. Pour dix commentaires positifs, il y a toujours un commentaire négatif et, bien sûr, c'est celui sur lequel on se concentre. C'est une situation horrible. [...] Nous devons nous rappeler que les joueurs de tennis sont des athlètes et des professionnels, mais que nous sommes aussi des êtres humains. »

D'autres sportifs témoignent également. Voici quelques exemples. Lara Gut-Behrami, championne de ski suisse, a quitté les médias sociaux en 2018, sa conseillère en communication nous dit en octobre de la même année :

> « Lara a décidé elle-même de fermer ses comptes pour mettre la priorité sur la famille et le sport, précise Giulia Candiago, conseillère de la skieuse, citée par le *Tages-Anzeiger*. Elle ne veut plus perdre de temps sur les médias sociaux. »

Quant à Alexander Zverev, récent vainqueur du Master de tennis de Turin et actuellement 3e au classement ATP, il relevait en janvier 2020 :

> « Aujourd'hui, tu ouvres Instagram, tu as cinq millions de gens qui ont un avis sur toi. »

Pour terminer, un témoignage de la toute jeune athlète américaine Sydney McLaughlin, double championne olympique aux JO de Tokyo en 2021. Elle partage avec nous ses sentiments :

> « Je suis reconnaissante de pouvoir parler à tellement de gens [sur les réseaux sociaux] mais je n'en veux pas, c'est toxique, ça me rend véritablement malade [...] on n'est pas obligés d'être amis, [...] je demande juste un peu de respect. »

D'autres exemples pourraient encore figurer ici, mais nous pensons que l'actualité des dernières années est assez révélatrice.

D'ailleurs, le Dr César Meylan, Head of Performance pour Canada Soccer relève que « pour être au top de sa performance, un athlète doit être en possession de toute sa capacité cognitive ». C'est pourquoi de nombreux spécialistes encadrent les sportifs, tant dans la gestion de leur carrière, leurs intérêts économiques, leurs relations avec les marques et autres sponsors, que dans leur nutrition, leur mental et l'amélioration de leur performance.

La gestion et l'encadrement d'Internet et des médias sociaux représentent aussi l'un des aspects fondamentaux dans le futur, au vu des dernières prises de position d'athlètes de très haut niveau, qui posent des questions sur le bien-être mental et physique. Nous ne reparlerons pas, bien sûr, de l'importance pour eux d'avoir un sommeil réparateur.

Et pour les artistes, quel est l'impact du numérique sur la créativité ?

Comme le chante le poète Léo Ferré dans l'une de ses plus belles chansons, Les Artistes : « Ce sont des gens d'ailleurs. » Certains d'entre eux se font ou se sont fait dévorer par le numérique. Ils sont toujours en quête de nouveauté. Toutefois, tout comme les chats, ils retombent toujours sur leurs pattes, ou plutôt ils finissent assidûment par retrouver les nuages... Ed Sheeran, par exemple, a quitté provisoirement les médias sociaux fin 2019 en suspendant temporairement son compte Instagram *teddysphotos* afin de se concentrer sur la création de son album.

Prenons ainsi exemple sur ces artistes qui, de tout temps, qu'ils soient écrivains, musiciens, peintres ou compositeurs, ont su s'échapper du monde des hommes, dans les îles isolées, les lieux les plus reculés, les montagnes les plus hautes, afin de retrouver la solitude de leur âme, la matière première de leur art : l'humain[43].

Toutefois, une interview de Benoît Poelvoorde, grand acteur belge, nous montre que le numérique a un impact non négligeable sur la qualité de son environnement de travail. Il nous dit que lors des tournages, entre deux prises : « Le téléphone a remplacé les moments de papotage. » Témoignage poignant, s'il en est.

Pris dans le flux continu d'internet, qu'en est-il des influenceurs ?

Ceux qui ressentent le plus de pression dans ce tourbillon numérique sont les influenceurs. Ces derniers ont fait des médias sociaux le cœur de leur métier. La plupart ne se doutaient pas des nombreuses innovations qui allaient prospérer dans le numérique et dont ils allaient devoir s'emparer afin de rester dans le coup. Rester à la page dans un monde digital qui avance à une vitesse phénoménale est d'une réelle difficulté et peut provoquer chez eux un *digital burn out*, soit un surmenage lié à la pression croissante afin d'améliorer encore et toujours la qualité de leurs formats, d'augmenter le rythme de leurs publications sur les différents médias et de répondre à leur communauté. Mais ce n'est que la partie visible. Derrière le rideau du Net, ils doivent vivre et gagner de l'argent. Ils passent donc aussi une partie de leur temps à chercher des collaborations, à faire des opérations publicitaires, à trouver des partenariats.

Nous n'imaginons pas, derrière nos écrans, le nombre de tâches différentes qu'ils doivent effectuer. Entre le sens de l'esthétique, la conscience des enjeux commerciaux de leur commanditaire, la pression vis-à-vis de ceux qui les suivent, la manutention aussi, avec l'envoi de cadeaux à leurs abonnés. C'est un travail de titan qui n'est pour l'instant que peu encadré par le Code du travail ou les assurances. S'ils se blessent, le manque à gagner est à leur charge.

Mais le plus délicat, pour un influenceur, c'est d'être créatif tout en étant hyperconnecté. Difficile en effet de réussir à rester original et prolifique lorsque l'on a que de rares moments de répit. Là est l'ambiguïté. Comment partager sa passion, trouver de nouveaux sujets à la fois surprenants et pertinents, quand on est en permanence plongé dans l'océan du Net ? Il suffit de quelques jours sans publication, sans maintenir son fil d'actualité à jour, pour que l'algorithme n'ait aucune pitié et vous oublie, et que votre communauté fasse de même. C'est une pression permanente[44,] notamment depuis que les contenus courts, comme les *stories* en vidéo, sont favorisés. Il faut ainsi en créer quotidiennement afin de générer une attente chez sa communauté.

Nous aimerions vous donner l'exemple d'Ivan, un coach sportif, propriétaire d'une salle de fitness. Il avait beaucoup misé sur les médias sociaux afin de faire grandir son business. Il publiait chaque jour du contenu, l'algorithme était son meilleur ami. Jusqu'au jour où il s'est aperçu qu'il ne faisait presque plus son métier, celui de coach sportif, mais davantage celui d'influenceur. Il a ainsi arrêté de publier sur Instagram afin de se concentrer sur ce qu'il aimait vraiment, son cœur d'activité. Lorsqu'il a souhaité recommencer à publier, il a constaté que l'algorithme était devenu son pire ennemi. Il ne le référençait plus. Il nous semble ainsi important de signaler qu'il est toujours bon lorsque l'on a un business de recourir à différents canaux publicitaires comme la construction d'un fichier clients pour communiquer grâce aux emails, afin d'être parfaitement résilient.

Revenons aux influenceurs. Il ne faut pas omettre l'exemplarité dont ils doivent faire preuve auprès de ceux qui les suivent, ce qui représente sans doute la charge mentale la plus pénétrante, tout comme devoir faire face à des « haters », cachés derrière leurs claviers[45].

Quant aux politiques, comment gèrent-ils le numérique ?

S'il y a bien des influenceurs de toujours, ce sont les politiques. Nous ferons court à ce sujet. Avec l'arrivée de Twitter, les politiques se sont jetés à corps perdu dans les médias sociaux qui leur offrent une nouvelle visibilité, sans intermédiaire. Après quelques années d'expérience, nous constatons qu'en plus d'un monde qui évolue vite, d'une financiarisation qui amène les politiques à penser de plus en plus à court terme, Twitter a encore accéléré cette démarche. C'est l'hyperactivité à tous les faits divers ou politiques. Il faut être sur le coup. Cependant, la politique se doit d'être une pensée à long terme, d'être une vision. Les conséquences majeures sont la perte de repères pour les citoyens, le manque de créativité chez les politiques et finalement, un certain appauvrissement du discours. Nous sommes face à un problème de fond pour toute démocratie qui se respecte. Toutefois, certains politiques évitent les médias sociaux, la haine et les insultes qui s'y déversent sont souvent une de leurs raisons. Ils préfèrent envoyer sur ce front leurs militants qui répéteront en boucle les éléments de langage ou iront troller leur adversaire. Des poseurs d'affiches aux twittos.

Qu'en est-il des 5,6 milliards d'autres travailleurs de notre planète ?

La révolution numérique n'a pas seulement eu un impact sur le travail des artistes, des sportifs de haut niveau et des hommes politiques. Elle a touché pratiquement toutes les personnes dans tous les secteurs d'activité à travers le monde.

Que vous travailliez dans un bureau ou à domicile, vous savez sans doute que les outils utilisés pour votre travail n'ont cessé d'évoluer sous l'effet de la révolution numérique, en particulier au cours des dernières années.

Les vidéoconférences ont supplanté les réunions d'équipe, réduisant nos possibilités d'interaction en trois dimensions, dans le monde réel. Désormais, nous échangeons nos points de vue via un écran bi-dimensionnel, ne voyant que les visages et les épaules de nos interlocuteurs, ce qui altère notre perception des émotions des uns et des autres.

La messagerie instantanée a supplanté les conversations entre collègues à la pause-café. Aujourd'hui, nous discutons assis à notre bureau sur nos smartphones ; ce chat 2.0 consiste essentiellement à utiliser WhatsApp ou d'autres applications de messagerie instantanée. Encore une fois, le résultat est une réduction de l'interaction humaine. Nous sommes désormais contraints, sans le vouloir, d'utiliser des émojis ou des stickers pour exprimer nos émotions et nous assurer que le ton que nous voulons employer est plus ou moins bien compris dans nos textes.

L'autre chose que nous faisons de plus en plus pendant les pauses est de consulter des contenus numériques pour répondre à un désir indéfini de savoir "ce qui se passe". Cela diminue les interactions en personne entre collègues, qui sont cruciales pour favoriser une culture d'entreprise et établir des relations interpersonnelles de qualité. Tout aussi grave, le fait de ne pas se déconnecter pendant les pauses prive votre cerveau d'une chance de se ressourcer et de se préparer à relever de nouveaux défis en pleine possession de ses moyens.

Lorsque le courrier électronique s'est répandu sur les lieux de travail à partir des années 1990, les individus pensaient généralement qu'il s'agirait d'un formidable outil permettant de gagner du temps. Les choses ne semblent pas s'être passées de la sorte. Dans de nombreux emplois de bureau, le traitement des courriers électroniques occupe aujourd'hui entre 20 et 40 % du temps de travail des employés. Nombreux sont ceux qui estiment que tous les courriels qu'ils doivent envoyer les empêchent d'accomplir les tâches principales qu'ils sont censés faire, celles qui apportent de la valeur à leur organisation. La question que la fille de six ans d'un de mes amis a récemment posée à son papa résume bien ce que le "travail" semble trop souvent impliquer dans cette phase de la révolution numérique. Elle voulait savoir si son travail consistait à envoyer et à recevoir des courriels. Il est professeur à l'université.

Un autre changement massif encouragé par l'intégration des récentes technologies numériques sur le lieu de travail est un élément que j'ai mentionné plus haut dans le chapitre : le multi-tâche. Il s'est imposé comme le mode de travail par défaut pour la plupart d'entre nous. Jusqu'au milieu des années 2000, nous essayions de ne pas jongler avec plusieurs tâches à la fois afin d'éviter que le travail inachevé ne s'accumule. La priorité était de commencer une tâche et de la mener à bien. En l'espace de quelques années, cette façon de travailler n'a plus vraiment la cote.

Il est intéressant de noter que le terme "multitâche" vient en fait de l'informatique. Il désigne la capacité d'un ordinateur à effectuer plusieurs tâches à la fois, ce qui est parfaitement possible pour les ordinateurs dont le matériel a été conçu à cet effet. En revanche, c'est moins évident pour les humains. Nous n'avons pas évolué pour travailler de cette manière.

Bien sûr, certains emplois ont toujours exigé d'être multitâches. Par exemple, après des années de formation et d'expérience, un chef cuisinier acquiert la capacité de préparer plusieurs plats à la fois. Le problème, c'est que le travail multitâche est désormais la norme dans de nombreux emplois où il n'est pas nécessairement requis, et que les personnes qui occupent ces emplois ne bénéficient pas de la formation spécialisée dans ce domaine, contrairement à des personnes comme les chefs cuisiniers.

Vous pouvez constater que dans votre travail actuel, souvent sans vous en rendre compte, vous êtes toujours en train de jongler avec plusieurs choses : rédiger un rapport complexe, envoyer un courriel à votre patron ou à votre équipe, préparer une présentation pour la prochaine réunion Zoom, répondre à des messages instantanés dès que vous entendez la notification, et ainsi de suite.

Pire encore, nous avons développé l'idée que chaque message doit recevoir une réponse instantanée, comme si votre smartphone était le prolongement de votre main (ou même de votre cerveau). De notre côté, nous attendons aussi une réponse immédiate de la part des autres. Notre capacité à établir des priorités sur la base d'un jugement prudent et du bon sens a été désactivée.

Et puis, il y a le temps que les employés consacrent à des contenus numériques non professionnels sur leur téléphone, qui peut dépasser deux heures par jour. Regarder une série en streaming sur son smartphone pendant les heures de travail n'est pas vraiment propice à l'amélioration des performances. À quoi correspond ce temps consacré à ce type d'activités dans une entreprise d'une centaine d'employés ? Disons que chaque employé consacre en moyenne une heure par jour à des contenus numériques sans rapport avec son travail. Sur une journée de travail de huit heures, cela représente un huitième du temps de chaque employé. Pour simplifier, cela revient à dire que 12,5 % des employés ne font rien d'autre que d'envoyer des messages personnels sur WhatsApp, de regarder des reels et des stories ou d'envoyer des courriels à leur compagnie d'assurance, soit 12,5 employés à temps plein (ETP) par année. En d'autres termes, un huitième de la main-d'œuvre pourrait ne pas être disponible pour effectuer son travail, sans qu'elle-même ou son employeur ne s'en rende compte.

Ce problème ne se limite pas aux bureaux. Dans pratiquement tous les secteurs d'activité, les employés adoptent involontairement des habitudes numériques qui nuisent à la productivité. Par exemple, le propriétaire d'un garage de réparation automobile m'a dit que ses employés passaient désormais de longs moments dans les toilettes, soi-disant pour des problèmes d'estomac, mais en réalité pour passer du temps sur leurs smartphones. Des chefs de chantier ont dû surveiller la fréquence à laquelle leurs ouvriers consultaient leur téléphone pour obtenir les dernières informations. Des véhicules d'entreprise ont été accidentés parce que le conducteur consultait une notification alors qu'il était au volant. Des ouvriers se blessent en trébuchant ou en tombant parce qu'ils sont tellement absorbés par leur téléphone qu'ils ne remarquent pas une marche, un poteau ou une porte de garage devant eux. La liste est encore longue.

Certes, les technologies numériques ont le potentiel de révolutionner le travail et la productivité pour le meilleur. Mais comme nous le constatons actuellement, elles causent autant de problèmes qu'elles n'en résolvent si nous ne réfléchissons pas correctement à la manière dont nous les utilisons. Nous devons avant tout veiller à ce que les habitudes et les pratiques qui se développent autour d'elles soient saines et positives.

Le lieu de travail comme sanctuaire

Il résulte de toutes ces problématiques autour du numérique lié au monde du travail, une perte de stabilité et de tranquillité, peu importe l'activité ou le domaine, une lutte permanente pour garder son attention face à la réception exponentielle d'informations. Nous sommes humains, notre mémoire vive ne double pas tous les trois ans. Nous sommes limités et nous devons réapprendre à nous contrôler, à ne plus être prisonniers du monde extérieur et de ce que nous pourrions nommer « la présence-absence ».

Nous pensons être présents, bien là, mais en fait, nous sommes loin, dans l'attente d'une nouvelle notification ou entre deux activités digitales, entre deux mondes différents : la réalité et la virtualité. Comme désunis, scindés en permanence. Un simple regard autour de soi, dans les transports publics, nous permet de constater ce phénomène de « présence-absence ».

Il faut dès lors voir l'espace de travail comme un sanctuaire. Beaucoup d'entre nous sont attachés à leur métier, nous voulons le faire correctement, être utiles à notre entreprise, que notre salaire soit entièrement mérité. La multiplication des divertissements numériques a ainsi une implication majeure sur notre ressenti au travail. Il faut donc pouvoir et savoir améliorer son bien-être numérique au travail, pour que ce dernier continue à contribuer à l'épanouissement personnel de chacun.

Et toutes les générations sont concernées.

Pour approfondir ce sujet, vous pouvez visionner cette vidéo explicative en scannant ce code QR.

Chapitre 17
Une offre multigénérationnelle

« Le monde entier est un théâtre.
Et tous, hommes et femmes, n'en sont que les acteurs.
Et notre vie durant nous jouons plusieurs rôles. »

William SHAKESPEARE, poète

Dans le théâtre du Net, chacun a l'opportunité de jouer un rôle selon son âge. Certains sont plus souvent acteurs et d'autres principalement spectateurs.

Nielsen, une entreprise spécialisée dans le marketing et l'audimat, nous apporte des chiffres intéressants à ce sujet. Elle a même établi une loi qui s'applique à l'utilisation en ligne des internautes : « la règle du 90-9-1 ». Ainsi, 90 % des utilisateurs lisent ou observent sans contribuer aux contenus d'un site ou d'un média social. 9 % des utilisateurs contribuent de temps à autre. 1 %, quant à eux, sont le véritable moteur, en participant beaucoup et représentant la majeure partie des contributions. Et vous, dans quel groupe vous situez-vous ?

Cette règle, nous la retrouvons dans chacune des générations, elle est universelle. Toutefois, selon les tranches d'âge, le Net offre des impacts différents. L'ergonomie, les applications varient aussi bien que leur utilisation. Ainsi, afin d'y voir plus clair et de vous permettre une compréhension plus ciblée de votre utilisation, de celle de vos enfants ou de vos parents, afin peut-être de les aider à mieux gérer le temps qu'ils consacrent au digital, nous allons dès à présent évoquer l'attitude de chacune des générations sur le web. Bien entendu, certaines activités peuvent être associées à plusieurs générations.

Pour vous donner une bonne base de compréhension avant d'entrer dans le vif du sujet, nous vous proposons ce visuel ci-dessous qui compare l'activité numérique journalière de deux individus : Élisabeth, 25 ans, et Lori, 45 ans. La comparaison avec le code-barres nous a beaucoup surpris, en plus d'être révélatrice.

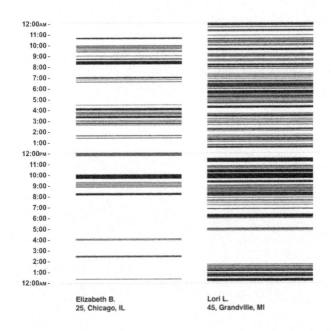

Phone sessions: Average vs. heavy user

Plus il y a de barres et plus l'activité numérique est soutenue. Nous vous donnons la source de cette image, publiée par Dscout le 15 juin 2016, si vous souhaitez en découvrir plus.

Le numérique chez les nourrissons et les petits enfants

À présent, commençons notre analyse générationnelle par les nourrissons, de 0 à 3 ans. Ce qui peut être surprenant, nous vous l'accordons. Pourtant, malgré eux, ils peuvent avoir un premier contact, parfois régulier, avec le digital, que cela soit dans les bras de leurs parents consultant internet, les médias sociaux, ou avec les différents écrans que l'on retrouve désormais un peu partout sur la voie publique, dans les transports en commun et les commerces. Certains parents mettent même leur smartphone dans leurs mains, tel un jouet anodin, pour les occuper, sans se rendre compte de la gravité de leur geste. D'après Michel Desmurget, spécialiste en neurosciences cognitives, dès deux ans, un enfant regarde les écrans trois heures par jour. Ceci peut impliquer de multiples problèmes de santé, comme des risques possiblement accrus de développer des symptômes similaires à ceux du trouble du spectre autistique ou de la myopie, l'enfant ne regardant plus assez au loin. La ligne d'horizon, les arbres du paysage et le coucher du soleil sont remplacés par une planche éblouissante.

Nous avons en effet reçu le témoignage de Julie, éducatrice de la petite enfance depuis six ans. Elle nous explique qu'elle travaille dans une crèche recevant une centaine d'enfants en bas âge, de trois mois à cinq ans. Les outils numériques ne sont pas utilisés dans son établissement, et pour cause : c'est l'âge de la découverte et des premiers apprentissages, ceux de la concentration, de la motricité, du langage, du jeu collectif, de l'autonomie et de la curiosité sur le monde, lesquels sont incompatibles avec l'écran. Nous lui avons d'ailleurs posé une question : pouvait-elle différencier les enfants en bas âge qui ont trop accès aux écrans des autres ? Sa réponse fut sans équivoque : en moins de dix secondes, en observant leurs comportements, elle est capable de les distinguer.

Et chez les enfants ?

Concernant les 3 à 10 ans, les enjeux deviennent plus dangereux. Un enfant, curieux par nature, voudra faire comme les grands. D'instinct, par mimétisme, il sera attiré par les activités de ses parents. Michel Desmurget résume bien, par ailleurs, les deux façons distinctes dont les enfants apprennent.

La première, en faisant par eux-mêmes, par l'expérience et la curiosité propre (peindre, escalader, lancer, planter, courir, sauter, danser, etc.). La seconde, en regardant les autres faire, les autres les plus inspirants étant les parents. D'où l'importance d'éviter d'utiliser des outils numériques lorsque son enfant en bas âge est proche de soi, et de le faire avec parcimonie afin qu'ils ne pensent pas dès le plus jeune âge que les écrans, c'est la vie. Un conseil : utiliser une montre plutôt que son smartphone pour regarder l'heure.

Dès lors, il n'est pas opportun d'accorder trop de liberté à son enfant au sujet des écrans. Il a encore plein de choses à découvrir dans le réel : la nature, les arbres et les fleurs, les animaux, les copains et copines, inventer des histoires avec ses nounours ou ses poupées, se dégourdir les jambes dans des activités périscolaires, taper dans la balle ou danser. Sans oublier l'importance pour un enfant de s'ennuyer, d'être seul, sans interfaces.

Sherry Turkle, professeure d'études sociales en sciences et technologie au Massachusetts Institute of Technology (le MIT), a une idée intéressante là-dessus :

> « Si vous n'apprenez pas à vos enfants à être seuls, ils ne sauront que se sentir seuls. »

Toutefois, il n'est pas interdit et il est même conseillé de leur apporter une première éducation concernant le numérique dès l'âge de 7 ou 8 ans, une heure par semaine, pour les faire jouer à des licences vidéoludiques et pédagogiques bien connues, comme *Adiboud'chou*, *Kokoro Lingua* ou encore des tutoriels créatifs pour leur permettre de s'approprier l'outil informatique. Il faut leur expliquer, à mesure qu'ils grandissent, comment fonctionne Internet, ce qu'ils peuvent y trouver et les risques concernant leur intimité, et surtout, définir un cadre à propos de leur utilisation des outils numériques.

Le XXIᵉ siècle est leur siècle. Il ne s'agirait pas de les en exclure par dogme ou peur de l'inconnu. Après tout, c'est leur monde. Il appartient donc aux parents de limiter, modérer leur utilisation du numérique, de les accompagner pour qu'ils puissent ensuite gérer leur temps. Il n'y a rien de mieux que l'interdit pour pousser un enfant à outrepasser les règles, d'autant plus lorsqu'il devient adolescent.

Nous y venons, à l'âge ingrat... Ingrat, car c'est celui où l'enfant a besoin de s'émanciper et de tester ses limites. Le parent dit non, il entend oui. Il nous semble ainsi important de ne pas être dans une attitude contraignante vis-à-vis d'eux, mais plutôt dans une approche pédagogique, de soutien et de connaissance. Il s'agit de rester attentif, disposé aux questions, mais surtout de ne pas être envahissant à ce sujet.

La préadolescence et l'adolescence, période charnière

Les premiers risques pour les 11 à 15 ans sont les médias sociaux dédiés à leur âge où nous avons, avec le recul, observé plusieurs dangers, dont notamment, le harcèlement digital[46]. Tout comme dans la cour de récréation, certains enfants peuvent être marginalisés et moqués. Toutefois, une fois rentrés à la maison, ils sont censés être protégés. Le foyer familial est un lieu de sécurité pour eux. Cependant, avec les médias sociaux, même là, ils peuvent être atteints par la violence de leurs camarades. Il est dès lors essentiel de leur apprendre comment distinguer un vrai ami d'un faux et à trier leurs relations sur ces plateformes. Ils ne doivent pas se sentir gênés d'exclure un « ami » de leur groupe, si celui-ci a une attitude malsaine envers eux. Comme le dit Théo Compernolle : « Le problème avec les enfants et les adolescents, ce n'est pas ce qu'ils font avec leur smartphone, c'est ce qu'ils ne font pas. »

Un autre point important, c'est de donner des limites d'utilisation, des horaires, en intégrant vos enfants dans la définition de ces règles. C'est à eux de fixer leur propre cadre, de se responsabiliser. L'écran, comme nous l'avons vu, est un facteur de mauvais sommeil. À l'âge où il est en pleine croissance et apprentissage, l'écran au moment du coucher peut avoir des effets désastreux sur son avenir et ses résultats scolaires. Néanmoins, encore une fois, il ne faut en aucun cas être trop strict, le jeu vidéo, les interactions sociales numériques font partie de leur siècle[47]. « Accompagner » est donc le maître mot.

Il ressort toutefois des dernières conférences données à ce sujet qu'il est d'une importance cruciale que les parents s'intéressent aux outils numériques et aux applications utilisés par leurs enfants, qu'ils les connaissent et sachent comment elles fonctionnent afin, le cas échéant, de pouvoir mieux modérer leur utilisation. Il faut créer un cadre, en quelque sorte.

Comme toutes les choses de la vie, le numérique doit devenir un sujet quotidien entre les parents et les enfants, un sujet de discussion. Après tout, il s'agit d'un moyen essentiel pour les enfants d'apprendre les comportements appropriés et, de nos jours, bon nombre de nos comportements les plus courants, qu'il s'agisse du temps que nous passons à consommer des contenus ou de la manière dont nous interagissons avec les autres en ligne, sont liés aux technologies numériques.

Nous avons par ailleurs observé qu'avec la pandémie, les outils numériques ont pris une grande importance, surtout dans la scolarité. Clairement, ce n'est pas au point. De nombreuses études démontrent que l'apprentissage en distancié, en particulier avec un groupe, a ses limites. En résultent un manque d'attention, une grande difficulté pour les professeurs à avoir une relation individualisée avec leurs élèves... La conséquence pour certains est un décrochage difficile à rattraper par la suite. Mais le temps pourra sans doute améliorer cette nouveauté. Nous pourrions par exemple imaginer, sur deux heures de cours, vingt minutes de cours magistral, puis quinze autres passées avec des groupes réduits de trois à quatre élèves du même niveau afin de personnaliser l'approche pédagogique.

Toutefois, c'est certain, rien ne vaut pour un jeune être humain le contact, l'interaction réelle avec autrui et surtout, le mouvement ! La sédentarité qui règle leurs journées pourrait se révéler être leur plus grande adversité. En effet, et cette information est d'importance, nos descendants pourraient vivre moins longtemps que nous, ce sur quoi nous alertait, en 2019, le professeur François Carré, cardiologue au Centre hospitalier universitaire de Rennes[48] : « Si on ne fait pas bouger davantage nos enfants, nous préparons la première génération qui pourrait avoir une espérance de vie plus courte que celle de ses parents. »

L'Organisation mondiale de la santé, également en 2019, a émis les mêmes inquiétudes : « Plus de 80 % des adolescents scolarisés dans le monde ne respectent pas la recommandation actuelle qui est de faire au moins une heure d'activité physique par jour. » Cette recommandation concernerait tout autant les plus grands.

Quels usages pour les 16 à 25 ans ?

Ceux que les publicitaires nomment aujourd'hui « les adulescents » sont ceux qui ont baigné, dès leur plus tendre enfance, dans le numérique. Ils sont ainsi hyperconnectés, le *scrolling* est pour eux une seconde nature. Cependant, à leur âge, la nature voudrait qu'ils interagissent socialement ; c'est la saison des amours, des grandes amitiés. Malheureusement, le numérique dévore beaucoup d'entre eux à petit feu. La nomophobie les tient.

Mais qu'est-ce que la nomophobie ? C'est un terme assez récent dans notre vocabulaire. Il désigne la peur excessive que peut avoir une personne à la simple idée d'être séparée, ne serait-ce qu'un instant, de son téléphone portable, ou de ne plus pouvoir s'en servir. D'où, chez certains, l'attention particulière qu'ils ont à prendre soin de leur smartphone, comme d'un animal domestique, ou d'un trésor, une partie d'eux.

Nous pouvons déjà constater le lien entre le désir d'approbation des jeunes, leurs habitudes sur les médias sociaux, en particulier le partage de photos, et l'augmentation de l'anxiété au sein de ce groupe d'âge. Dans leur quête d'être appréciés et reconnus, de nombreux jeunes postent fréquemment des selfies soigneusement élaborés et très travaillés sur les médias sociaux dans l'espoir que leurs pairs reconnaissent qu'ils sont attrayants ; cette performance constante et l'attente subséquente de likes, de commentaires et de partages[49] peuvent déclencher une anxiété centrée à la fois sur leur popularité et sur leur image corporelle.

Ils ont aussi moins d'interactions sociales réelles que les générations précédentes, étant capables de tout savoir en quelques clics, pour eux, une discussion devient superflue. À quoi bon débattre d'un sujet, alors qu'Internet peut nous donner toutes les réponses que l'on désire ? Se développe alors un phénomène étrange que Sherry Turkle nomme « *alone together* », soit « seul ensemble ». Il s'agit d'avoir l'impression d'être avec ses amis, grâce aux échanges rendus possibles par la technologie, alors qu'on est seul dans sa chambre, en réalité.

Ce phénomène a été décuplé avec la pandémie et les confinements successifs. Les étudiants, ne se voyant plus, ne suivant leurs cours qu'en distanciel, ont pour beaucoup développé des syndromes dépressifs. Mais l'humain, cet animal de meute, a su retomber sur ses pattes. Ainsi les fêtes sauvages, durant l'été 2021, ont explosé. Un juste retour des choses, il faut bien décompresser.

L'adulescence est une période majeure de la vie, celle où l'on finit de construire son identité, mais aussi où notre cerveau est le plus réceptif. Une utilisation adaptée du numérique est primordiale si l'on veut garder la tête sur les épaules, éviter la dépression ou l'anxiété chronique. Toutefois, le digital est un outil essentiel de notre siècle, il faut savoir l'utiliser, ce que les adultes tentent de faire avec plus ou moins de réussite.

L'âge adulte, l'âge de la raison ?

En ce qui concerne les 26-35 ans, qui ont vu débarquer Internet dans les années 2000 de façon massive, il en est autrement. Ils ont eu la chance, dans leurs premières années, de grandir sans virtualité. Ils ont ainsi un pied dans l'Ancien Monde, comme on dit désormais. Ils ont découvert, petit à petit, chaque innovation, des jeux vidéo aux médias sociaux récents. Leur approche est différente de celle des dernières générations. Ils seraient plutôt : « Métro, boulot, Netflix, dodo. »

Pour plaisanter, nous pourrions dire que certains vivent un peu comme des retraités... bien confortablement posés dans le monde digital. Ils sont pourtant dans la force de l'âge, celle de l'aventure, de la découverte du monde et des voyages. Pourtant, quelques-uns préfèrent la douceur d'une série le soir. Ils sont dans le *flow* du Net. Bringuebalés, ballottés, tel un bateau pris dans la tempête, d'un film à l'autre, d'une série à une vidéo YouTube. La plupart d'entre eux ont conscience que quelque chose ne fonctionne pas, puisque ce n'est plus « comme avant ». Ils ressentent un certain malaise face à leur utilisation d'Internet et des médias sociaux et essaient de faire au mieux pour naviguer dans ce monde réel et post-moderne pour trouver leur équilibre.

L'âge de la maturité, prémices de la sagesse ?

Ce n'est pas le cas des 36-55 ans. Certains ont un train de retard. Alors, ils se perdent un peu dans le flux permanent des nouveautés, ce qui déclenche parfois des comportements digitaux extrêmes. Les sites de santé, de parentalité, de bricolage et autres forums sont là pour les satisfaire, tout comme Facebook, de plus en plus accaparé par cette part de marché. Ils se sont, comme qui dirait, fait rattraper... Ils ont plongé.

Tout autant, ils se lâchent et un peu trop. Ils font ou disent des choses qu'ils n'auraient jamais osé faire ou dire dans la vie réelle, une dérive comportementale dont peut ressortir une haine, due à l'anonymat, qui se développe de plus en plus puisqu'ils ne craignent pas les représailles, physiques ou juridiques. Parfois, des insultes leur échappent comme des actes non maîtrisés. D'ailleurs, certains se sont retrouvés au tribunal devant des juges pour avoir partagé une vidéo discriminante. Ils n'avaient pas conscience de la portée de leur acte, une plainte de la personne lésée les y aura conduits et fait prendre conscience des risques encourus. C'est pourquoi les autorités tentent de créer un cadre législatif afin d'atténuer ce phénomène insociable. Cependant, entre respect de la vie privée, anonymat et cohésion sociale, la balance juridique est difficile à trouver. Pour le moment, les *haters* peuvent se réjouir...

Nous assistons par ailleurs à quelques dérives, comme le fait de poster des photos de ses enfants sans leur autorisation. Le Net garde tout. Il est dès lors déviant de poster des clichés de sa progéniture à la plage ou même des échographies. Les *data* ne font pas partie de la culture de cette génération, les 36-55 ans doivent réapprendre, en quelque sorte, le monde dans lequel ils vivent. Leur ignorance peut provoquer des erreurs ou des fautes, comme de mettre sur la voie publique, sur le Net, l'intimité de ceux que cette génération est censée protéger. Heureusement, certains membres de cette génération sont très conscients de ces questions de vie privée et de la nécessité de faire attention à leur parole en ligne. Leur désir est de créer des liens avec les autres.

Avec les confinements successifs, un nouveau média social s'est popularisé chez les adultes : Clubhouse, un lieu virtuel d'échange, dans des « salons », par messages vocaux. Il est loin le temps où l'on se retrouvait dans un parc afin de parler de tout et de rien, de ses émotions du moment. Dans ce média, on retrouve particulièrement un salon nommé « club des hypersensibles », lequel regroupe plusieurs milliers de personnes. Sans l'interface de la visioconférence, chacun s'exprime en confiance, émettant ses doutes, ses joies, ses sentiments. Le terme « seul ensemble » prend ici aussi tout son sens. Ainsi, le crépitement visuel du smartphone n'est plus l'alpha et l'oméga de la modernité, ce qui pourrait se concevoir comme étant une bonne nouvelle, car c'est la voix qui reprend sa place dans nos échanges. Tout comme la prolifération des messages vocaux, qui sont moins fastidieux à envoyer qu'un SMS, apporte un peu plus d'humanité aux communications.

Et qu'en est-il de nos aînés ?

Pour terminer ce petit tour générationnel, nous ne pouvons pas oublier nos seniors. Pour eux, le numérique n'est pas simple. Lorsqu'on a vécu toute sa vie sans le digital, se mettre à l'informatique est loin d'être évident. Pourtant, la société avance, les administrations se modernisent et beaucoup de retraités sont ainsi mis au ban. Tout se fait, désormais, de façon numérisée. Même la Poste y est arrivée, alors qu'elle était encore un des derniers liens sociaux pour nos anciens, tout comme l'administration fiscale qui ne jure plus que par le numérique.

Enfin, certains réussissent à se mettre dans l'ordre des choses, parviennent à échanger avec leurs petits-enfants grâce à Facebook, plus adapté et plus simple que d'autres applications.

Fait intéressant, mais pas forcément enthousiasmant : l'utilisation du robot Zora dans des milliers de maisons de retraite. Il est censé lire des contes, proposer des quiz, et même recréer des émotions, de quoi dispenser les familles d'aller rendre visite à leurs parents et grands-parents et augmenter un peu plus leur solitude...

Le numérique et ses conséquences

Concluons et prenons de la hauteur. Le numérique engendre pour beaucoup de l'isolement, une déconnexion du réel. Les médias sociaux réduisent l'espace et le temps des êtres humains, les conditionnant à des schémas algorithmiques en leur faisant croire à un bonheur immédiat, qui se transforme souvent en de l'anxiété et une dépression sur le long terme. Cela ressemble beaucoup au syndrome de Stockholm. Nous sommes prisonniers et nous aimons notre bourreau. Dans le *flow* continu du Net, nous oublions l'essentiel, au point de perdre, comme nous avons déjà presque perdu l'odorat au cours de notre évolution, le goût et le toucher.[50]

C'est notre condition d'existence qui se transforme! *Nous sommes plus proches de ceux qui sont loin de nous et plus éloignés de ceux qui sont proches...* Les médias sociaux modifient notre approche au monde, notre perception de l'espace et du temps, tout ceci dans un but commercial où nous sommes à la fois les acteurs, les contributeurs et la marchandise. Il s'agit ainsi de reprendre le contrôle de l'outil numérique, de ne plus être son serviteur, mais son maître. Car le digital nous offre des possibilités d'action et de regroupement phénoménales. Il pourrait même faire surgir une plus grande et plus intense démocratie. Car oui, il y a beaucoup de positif dans le numérique! Maintenant que nous en connaissons les failles, nous pouvons les boucher, renverser le négatif en positif, améliorer notre coexistence avec la machine. L'humain a toujours fait face à l'innovation. Il est normal que, le temps de l'apprivoiser, il se fourvoie dans la nouveauté. C'est tout le propos des derniers chapitres qui vont suivre.

Nous voulons donner un sens à la nouveauté, apprivoiser la modernité ; retrouver un peu de liberté. Car la liberté, c'est finalement maîtriser l'espace et le temps, son environnement.

Mais avant ceci, pour bien commencer, nous mettons à votre disposition une application. Elle vous permettra de connaître précisément la consommation carbone de l'utilisation de votre smartphone, pas simplement l'énergie utilisée afin qu'il fonctionne, ce qui n'est pratiquement rien, mais l'énergie qu'il utilise en étant hyperconnecté. En effet, les serveurs disséminés dans des hangars à travers le monde chauffent en continu afin de nous permettre d'accéder à une application, une vidéo ou au cloud.

Comme le rapporte le géant d'Internet Google, le simple fait d'effectuer une requête sur cette plateforme émet 0,2 gramme de CO_2 et consomme 0,0003 kilowattheure d'énergie, soit 1 kilojoule. Une recherche sur Google consomme ainsi la même quantité d'énergie que celle que votre corps brûle en dix secondes[51]. Ces données vous montrent à quel point, en plus de votre consommation, les smartphones puisent dans l'énergie terrestre. D'autant qu'elles vous permettent de restreindre petit à petit votre utilisation digitale.

Voici le lien de l'app « Carbonalyser » développée par « The Shift Project », disponible sur Apple Store et Google Play, un bon début...

Maintenant, pour un court instant, imaginons ce qui se passera si nous ne faisons rien, si nous laissons le numérique nous noyer dans ses performances. Retrouvons ainsi Monsieur Tout-le-Monde dans un futur proche.

Monsieur Tout-le-Monde a un problème de surpoids. S'il ne maigrit pas très vite, son assurance va augmenter drastiquement ses mensualités. Il n'en a malheureusement pas les moyens. Le surpoids, maladie grave, augmente les risques d'arrêt cardiaque, de diabète et de forme grave des différents Coronavirus. Le médecin de Monsieur Tout-le-Monde lui a ainsi prescrit une application de santé afin de réguler son alimentation. Cette application est connectée à son réfrigérateur qui commande lui-même les aliments sains dont il a besoin pour se nourrir. De plus, cette application calcule le nombre de pas que Monsieur Tout-le-Monde doit effectuer chaque jour. S'il ne s'y tient pas, l'assurance augmentera le prix des mensualités.

Dès lors, Monsieur Tout-le-Monde, après avoir mangé une salade à midi, décide d'aller faire sa promenade quotidienne. Il marche le long de la route qui mène au bourg de sa ville. Son smartphone lui ordonne régulièrement d'accélérer sa cadence afin de rendre son pas plus dynamique, pour que sa balade ait un réel impact sur sa perte de poids. À force de marche sportive,

Monsieur Tout-le-Monde creuse son estomac. Enfin, il arrive au centre-ville. La salade, définitivement, ne lui a pas suffi... Il a une envie irrésistible de manger quelque chose de bien solide. Un fast-food est juste là, devant ses yeux, avec ses bonnes odeurs de viande. Monsieur Tout-le-Monde hésite. Ce n'est pas bien. Si l'application le sait, son assurance risque d'augmenter ses mensualités. Pourtant, il a trop faim et voici deux semaines qu'il n'a pas mangé à satiété. Après tout, l'application n'est pas omnisciente. Il sort sa carte de crédit. Monsieur Tout-le-Monde commande un maxi burger avec double ration de frites et s'installe en terrasse. La commande arrive et il dévore ce fabuleux repas à pleines dents ! Il paie alors.

Monsieur Tout-le-Monde rentre à son logement, heureux d'avoir si goulûment mangé. Un message arrive sur son smartphone :

Monsieur Tout-le-Monde,

Ayant eu connaissance, par votre banque, d'une commande d'un maxi burger avec double ration de frites ainsi que d'un soda dans un fast-food, nous vous indiquons que vous n'avez pas respecté le régime alimentaire qui vous avait été imposé afin de réduire votre poids.

Nous sommes au regret de vous informer que vos mensualités seront désormais triplées jusqu'à la perte totale de votre surpoids.

Bien cordialement,

Les assurances Connect and Perfect.

Chapitre 18
Action !

« Il n'y a pas de véritable action sans volonté. »

Jean-Jacques ROUSSEAU, philosophe

Il est grand temps de passer à l'action ! Ne vous soumettez plus, mais soumettez le numérique à votre volonté, que ce soit individuellement, collectivement, pour votre enfant, au sein d'une entreprise, ou dans la société. Il existe pour cela deux méthodes. La première est évidente : se détacher progressivement de ses écrans. Se déconnecter. L'autre est de réapprendre à utiliser le numérique et surtout à retrouver la vie dans tout son spectre réel.

Nous vous proposons ainsi de faire exactement comme dans le chapitre précédent, mais à l'inverse : explorer d'une part les bienfaits du numérique et, d'autre part, vous donner des pistes afin de ne plus y passer un temps futile. Tout ceci, génération par génération.

Ne parlons pas des tout-petits. Pour eux, le numérique est ina-dapté. Il faut ainsi les éloigner au maximum des écrans. Ils auront, malgré tous vos efforts possibles et imaginables, des interac-tions régulières avec eux, sur la voie publique, par exemple, et effectivement, il est toujours tentant pour de jeunes parents de laisser une tablette ou un smartphone à son enfant, ne serait-ce que pour bénéficier d'un moment de répit dans le déluge d'ac-tions que nécessite la parentalité. Il faut bien pouvoir souffler. Toutefois, ce n'est pas rendre service à sa progéniture, car tout ce que l'enfant recherche, en somme, c'est de l'attention. Il y a bien d'autres façons de l'éveiller qu'avec les écrans. On peut le solliciter avec des objets de couleur, comme un hochet ou bien encore des cubes ou des ronds. Rien ne vaut un bon vieux jouet en bois qu'il peut toucher et mâcher sans danger, pour animer sa curiosité. Sans oublier le plus important : lui parler avec de vrais mots et des phrases construites. Il ne les comprendra pas sur le moment, mais cela aura un impact sur son apprentissage du langage à venir. Cela étant clairement dit, passons à la géné-ration suivante.

Les 3-10 ans

Pour eux, l'essentiel reste toujours l'éveil au monde extérieur et aux autres. Le mieux réside donc dans un accompagnement progressif et succinct concernant le numérique. Il faut être pré-sent lors de la rencontre de l'enfant avec Internet et le multi-média, discuter avec lui en même temps qu'il interagit digita-lement. Le principal étant que l'enfant ne s'isole pas dans le flux continu du numérique. Bien entendu, il est recommandé de s'en tenir à une ou deux heures par semaine.

L'essentiel, c'est de connecter son enfant à la vie réelle. Rien de mieux qu'un parc où il pourra interagir avec d'autres enfants, ou de faire des séances de coloriage ou de la pâtisse-rie chez soi. Toutes ces choses qui semblent évidentes, mais qui pourtant sont de plus en plus oubliées à cause du temps consacré aux écrans.

L'ennui, le fait de se retrouver seul avec soi-même, est également très important pour que l'enfant ne développe pas des troubles de la personnalité évitante. Le laisser seul dans sa chambre avec ses jouets, dans son petit monde à lui, est l'un des meilleurs services à lui rendre. Même s'il pourra vous le reprocher pendant les dix premières minutes...

Il existe également une façon d'apporter plus de bien-être à son enfant, collectivement cette fois-ci, dans le cadre scolaire. Nous vous faisons ici part d'une initiative genevoise : le collectif RUNE, composé de parents d'élèves, demande un moratoire sur le numérique à l'école primaire. Il a déposé une pétition en ce sens. Dans son communiqué, le collectif précise qu'il ne conteste pas la nécessité de la formation *au* numérique, mais bien d'une formation *par* le numérique. Il précise ainsi :

> « Il ne s'agit pas de refuser les innovations technologiques ni de nier que le monde se transforme avec les nouvelles technologies, mais d'affirmer que se préparer au mieux à l'avenir ne nécessite pas forcément de déployer celles-ci à l'école dès le plus jeune âge. »

L'école est un terreau fertile pour introduire le numérique chez les jeunes. Cela dit, différentes approches doivent être testées afin de livrer des enseignements et de trouver le meilleur équilibre possible.

Action !
Une approche toute simple à mettre en œuvre à cet âge-là serait : une activité sur Internet, une activité dans la réalité. Pourquoi ne pas découvrir des artistes peintres sur Internet avec vos enfants pour ensuite faire un atelier de peinture ?

Les 11-15 ans

Avec les 11-15 ans, les difficultés pour les parents commencent vraiment. Nous avons toutefois quelques pistes à leur apporter. Nous pensons qu'il est à cet âge bien trop tôt pour avoir un téléphone mobile, du moins un smartphone. Nous savons cependant que la pression sociale est forte à ce sujet. Au collège, très nombreux sont les adolescents qui possèdent un smartphone[52]. Selon les dernières études, ils seraient même 99 % à un avoir un. Il est tout à fait normal que votre enfant en demande un pour faire comme ses camarades, de même qu'il souhaite les dernières chaussures à la mode.

Malgré le fait qu'une petite voix nous dise qu'il est plus sécurisant de rester en contact avec lui pour savoir où il est, ce qu'il fait, la solution à ce problème pourrait être un entre-deux : lui fournir un téléphone à quinze touches. Ils sont peu chers et trouvables dans n'importe quelle grande surface, avec un forfait limité. Toutefois, l'époque a changé, nous vous conseillons donc une approche encadrée de son utilisation du smartphone. De même, il faut éviter de lui offrir une *smartwatch*, dont il n'aura en réalité que peu l'utilité, si ce n'est de le déconcentrer en classe.

Nous savons pertinemment que la pression peut être dure à l'école, que l'enfant voudra avoir, comme la plupart de ses camarades, un smartphone dès l'âge de ses douze ans, si ce n'est avant. Pourtant, avec l'ordinateur à la maison et/ou la tablette, il sera déjà plus que connecté. Certains parents peuvent penser que leur enfant sera désociabilisé du reste de ses amis, s'ils ne lui offrent pas de téléphone. C'est tout le contraire. Il continuera à avoir une réelle interaction avec eux, comme durant son enfance. Une phrase lors de nos recherches revient régulièrement : ce n'est pas à l'industrie du numérique, par la publicité et la pression sociale, d'éduquer les enfants en leur mettant un smartphone dans la main. Cela doit rester le pouvoir des parents.

La clé du succès pour une bonne utilisation des outils numériques se joue à cet âge-ci. Les parents ont un rôle central dans la compréhension de la technologie, de son fonctionnement, de ses risques et de ses opportunités. Ceci pour transmettre les bons réflexes à adopter et permettre aux adolescents de prendre de bonnes habitudes. Il s'agit pour les parents d'appréhender et d'intégrer ce très grand défi, un de plus, dans leur rôle d'éducation.

Ainsi, il est bon de donner des heures fixes d'utilisation des outils numériques aux adolescents, tout comme de définir le lieu et les durées d'utilisation. Impliquer votre enfant dans ce processus décisionnel et le faire participer à la mise en place de votre cadre, de son cadre, le responsabilisera quant à son utilisation. Par exemple, après leurs devoirs, pendant un temps limité qui est augmenté progressivement lorsqu'ils grandissent, tout en prenant soin évidemment d'installer des pare-feux, pour éviter les sites déconseillés pour leur âge. Ils trouveront, certes, toujours le moyen par le biais de leurs camarades d'y avoir accès, mais tout ce qui peut freiner une mauvaise interprétation de ce que sont l'amour et l'acte sexuel est toujours bon à prendre.

C'est également l'occasion d'expliquer clairement les trois règles de base d'Internet explicitées par Serge Tisseron : « tout ce qu'on y met peut tomber dans le domaine public ; tout ce qu'on y met y restera éternellement ; et tout ce qu'on y trouve est sujet à caution, parce qu'il est impossible de repérer les images authentiques des images falsifiées. »

Il faut faire très attention aussi aux sites de vidéos *trash*, de plus en plus courants (décapitation, éviscération, etc.). Il ne s'agirait pas de les oublier dans la configuration des pare-feux, d'autant plus qu'ils sont à la « mode », dans le milieu scolaire.

Quant au jeu vidéo, il peut se révéler être un refuge. La vie réelle étant compliquée pour certains adolescents, ils évitent ainsi de s'y confronter et perdent toute notion de réalité. Le jeu vidéo n'est alors plus ludique, mais mais peut devenir une dépendance qui peut mener à la dépression, la désocialisation, le surpoids, etc. Il s'agit ainsi de réguler les heures de jeu de l'adolescent et surtout, d'avoir une réelle interaction avec lui. Ne pas le laisser sombrer, mais discuter et comprendre avec lui ce qui ne va pas, afin de le soutenir. Le cas échéant, il faut l'emmener voir un professionnel de santé.

La télévision ou les médias sociaux peuvent aussi servir de refuge. Voici par exemple un témoignage sur YouTube, celui d'une jeune fille nommée Pauline : « Personnellement, les médias sociaux permettent d'occuper mon cerveau à 200 %. Grâce à ça, c'est comme si je me coupais de mes émotions, comme si je les mettais en pause. Donc, quand je suis énervée ou triste, c'est très simple d'ouvrir Insta, de scroller et d'en même temps faire disparaître les sentiments négatifs. »

Néanmoins, tout l'intérêt des émotions est d'apprendre à s'y confronter, car lorsque viendra une très forte contrariété, cette jeune fille n'aura aucun outil de résilience à sa disposition. La chute peut être dramatique. Nous constatons, chez les nouvelles générations, une augmentation de la scarification et des suicides, en passant par la dépression chronique.

Nos priorités pour ce groupe d'âge devraient être les suivantes :

- rester attentif, proche de l'adolescent

- de lui permettre de comprendre le numérique, ses biais, ses enjeux, ses opportunités et ses risques

- de l'écouter et l'inciter à participer aux discussions sur le sujet

- de favoriser le développement de son esprit critique,

- de démontrer et l'aider à faire le tri entre les bons usages et les mauvais, pour finalement l'accompagner dans la création d'un rapport sain, équilibré et durable avec la technologie et ses outils afin de développer de bonnes habitudes digitales.

Au-delà de tout ceci, afin de justement équilibrer au mieux l'adolescent, le meilleur service à lui rendre est celui-ci : l'inciter à pratiquer du sport, en équipe, en solo, le plus possible. Qu'il se dépense ! Qu'il forme son corps, qu'il respire, qu'il transpire, qu'il vive enfin. Cela lui donnera les bases d'une existence pleine et enrichissante que ce soit à travers la tactique et la stratégie d'équipe, la concentration dans les sports individuels, la maîtrise de soi et de son énergie, la rencontre d'autres adolescents de villes voisines à travers les tournois. Également, comme nous en parlions dans la première partie de ce livre, il développera l'esprit de compétition, sans oublier la notion de *fair-play*.

Nous ajouterons, pour conclure sur les 11 à 15 ans, qu'il faut leur permettre de lire. Nous utilisons le mot « permettre » avec pertinence. Car il n'y a rien de pire que de contraindre un enfant à lire. Il y aurait de grandes chances pour qu'il ne lise plus ensuite, par rejet de l'autorité. Non, il suffit de lui parler de romans que vous aimez, d'en discuter avec lui afin d'exacerber sa curiosité et de mettre à disposition de nombreux livres dans la maison. La lecture est en effet un bon outil, non seulement pour le vocabulaire, l'intelligence, mais aussi l'imaginaire, la virtualité intime.

Les 16-25 ans

Malgré tous ces bons conseils, les adolescents grandissent, et grandissent vite ! Ainsi, de 16 à 25 ans, ils vont affirmer leur autonomie. Pour les parents, il est difficile d'avoir sur eux une réelle autorité. Néanmoins, il est possible de s'adresser à eux comme à de futurs adultes, avec respect et compréhension.

Discuter avec eux de leur rapport aux médias sociaux est un bon début. Quelle est leur véritable utilité au quotidien ? Vous pouvez leur rappeler que la période qu'ils traversent étant celle de l'émancipation, elle est aussi celle de la découverte, du voyage, de la rencontre d'amis pour la vie. Il s'agit de leur faire part, finalement, de sa propre expérience, sans le numérique, de leur rappeler l'importance de l'intimité et que donner ses données, des photos, aux acteurs du numérique, peut mettre en péril leur future carrière professionnelle, par exemple.

Concernant leur usage du smartphone, lequel est souvent considéré comme une extension d'eux-mêmes, nous pouvons leur apprendre à s'en passer dans les moments importants de la journée. Un concert se regarde avec les yeux et non à travers l'écran de son smartphone, dont la caméra est allumée. Il s'écoute et cela demande toute son attention. Cet apprentissage peut passer par des tests simples à proposer à l'adolescent.

Action!
Aller à un concert sans smartphone et à un autre avec smartphone. Il pourra sentir et comprendre toute la différence. Qu'il discerne lui-même toute l'intensité d'un moment de partage, de rassemblement et de plaisir dans cette expérience qui restera gravée dans son esprit, et non dans la mémoire de son téléphone.

Enfin, c'est en tombant qu'on apprend à marcher. Il ne faut pas être trop oppressant avec eux, mais toujours présent, afin de les aider à se relever le cas échéant. Une expérience menée dans certaines salles de concert nous a par ailleurs intrigués. Il s'agit pour les spectateurs de placer leur smartphone dans une pochette qui se ferme lors du spectacle, le rendant inaccessible. Ceci part évidemment d'une bonne intention et d'une prise de conscience tant par les comédiens et les producteurs que les participants sur l'usage intempestif de ces appareils lors d'un moment de partage. Toutefois, il nous semble que cette mesure relève d'une contrainte excessive. Il va de soi qu'il serait plus intéressant que l'acte d'éteindre et de ne pas utiliser son smartphone lors de ces événements soit naturel de la part des spectateurs. C'est après tout l'intérêt de ce livre...

Heureusement, certains ont vite compris l'intérêt de passer du virtuel au réel. C'est le cas d'une Instagrameuse, _elooooove. read_, qui s'est spécialisée dans la lecture d'ouvrages. Grâce aux médias sociaux, elle a pu rencontrer d'autres personnes partageant le même centre d'intérêt.

Découvrez son post du 9 janvier 2022 sur Instagram dans lequel elle relate son passage du virtuel au réel au travers du code QR ci-contre.

Les 26-55 ans

Passons aux plus grands : les adultes. Plus les membres de cette classe d'âge sont âgés, moins ils ont été exposés aux technologies numériques dans leur jeunesse. Néanmoins, ils s'y sont généralement tous rapidement adaptés. En fait, ils se sont tellement approprié les médias sociaux qu'ils ont fini par prendre le dessus sur certains d'entre eux. Les adultes doivent ainsi réapprendre à vivre, à rééduquer leur quotidien et retrouver le temps des cerises... Renouer peut-être aussi avec leurs réels amis, ceux qu'ils n'ont pas vus depuis longtemps, tellement ils sont débordés par leur travail, leur vie familiale et leur vie numérique.

Prendre un simple apéritif de deux heures en début de soirée avec ses proches est bien plus satisfaisant que de passer ces deux mêmes heures à commenter la vie d'amis virtuels sur Facebook, des « amis » que l'on a vus seulement une fois dans la réalité. Retrouver les plaisirs de la gastronomie, de cuisiner plutôt que d'avaler dix vidéos ayant comme thème « Comment faire la meilleure tarte ? », avoir une activité manuelle comme le bricolage, la couture, le jardinage est bien plus valorisant que de regarder cinq séries Netflix par mois. Sans oublier l'art. Faire du théâtre dans une compagnie, peindre pour soi et pour égayer sa maison, se remettre à la guitare – vous savez, celle qui est dans le grenier et qui vous a donné tant de plaisir et de satisfaction lors de votre adolescence – et mille autres choses, qui ne sont pas futiles, mais bien ancrées dans notre chair, dans nos sens.

Pour finir, bien sûr, le plus important ! Ils peuvent prendre du temps quotidiennement avec leurs enfants, partager des activités avec eux, construire une cabane, leur apprendre le nom des fleurs, dessiner, bricoler. Tout ce qui permet de les éveiller, que ce soit à la littérature, au cinéma, au sport, aux musiques que vous aimiez à leur âge et à l'interaction avec les autres. Car la vie est bien trop courte ! Le temps défile à une vitesse phénoménale, tout comme les innovations, ce que savent parfaitement les plus anciens, lesquels ont vu passer tant de nouveautés, tant de techniques et de technologies.

Les 56 ans et plus

Par ailleurs, pour les seniors, la difficulté est inverse. L'illectronisme est forcément plus présent, c'est-à-dire qu'ils ne savent pas utiliser les outils électroniques. Afin qu'ils puissent rester à la page, il est sage de prendre le temps de leur inculquer les fondamentaux du numérique, d'autant plus que les innovations digitales vont souvent plus vite que le temps de leur propre apprentissage. Toutefois, lorsqu'ils s'y mettent et qu'on les aide, ils y arrivent. Ce qui est bon pour eux : ils continuent à apprendre, à exercer leur mémoire, à faire fonctionner leur cerveau. Une vraie fontaine de Jouvence.

Les outils numériques leur offrent, de plus, une chose essentielle : celle de rester en lien avec toute leur famille, des plus grands aux plus petits, surtout quand les enfants et petits-enfants sont dispersés à travers tout le pays et, mondialisation oblige, à l'étranger. Il n'y a pas plus grande joie, pour une grand-mère, que de parler à sa petite-fille en visioconférence et ainsi, de voir à quel point elle a grandi.

Les seniors sont sans doute, excepté quelques cas, les seuls pour lesquels nous ne pouvons pas avoir trop d'inquiétude. Ils seront toujours plus intéressés par la chorale du jeudi, le scrabble du vendredi au club, la pétanque du samedi et la pêche entre amis le dimanche, sans oublier le thé de l'après-midi, que de passer leur précieux temps à regarder la vie des autres sur Internet et de gâcher la leur. Qu'on se le dise ! Ce n'est pas au vieux singe qu'on apprend à faire la grimace. Nous en profitons pour vous donner une autre astuce.

Action !
Limitez le temps d'utilisation de vos écrans. Par exemple, arrêter son activité digitale tous les soirs et commencer tous les matins à la même heure. Il va de soi que 23 heures, ce n'est déjà plus le soir, mais la nuit.
Pour plus d'assurance, vous pouvez le ranger dans votre voiture ou encore dans votre salle de bains. En deux mots : éloignez-le ! Rendez-le invisible à votre attention

Contre-révolution numérique ?

C'est une question que l'on peut d'ores et déjà se poser. Il s'est passé, ces dernières années, un phénomène qui n'a échappé à personne : la pandémie du Covid-19. Eh oui, nous avons tous été contraints à l'isolement, l'enfermement, la réclusion à domicile, avec, pour seule fenêtre vers l'extérieur, nos écrans d'ordinateur, de tablette ou de smartphone. Nous en avons soupé, du Net ; un peu trop d'ailleurs. *Netflix n'a plus aucun secret pour nous ; YouTube est devenu notre animal de compagnie ; Facebook,*

Twitter, notre table d'apéro ; Amazon, notre commerce de proximité et Uber Eats, notre restaurant du coin.

Ce qui est certain, dans toute cette nouveauté – éphémère, nous l'espérons –, c'est que nous avons enfin pris conscience que ce n'était pas une vie. Loin de là... Surtout lorsque les gouvernements ont accepté, pour un temps, de nous libérer. Notre premier réflexe a été de nous ruer vers l'humanité ! Nous avons rempli les terrasses. Nous sommes retournés dans les commerces où nous avions nos habitudes ainsi que dans nos restaurants préférés. Et, le plus important, nous avons recréé du lien avec ceux qui nous sont le plus chers : nos amis, notre famille éloignée.

Nous avons même, pour ceux qui étaient en distanciel, été heureux de retrouver notre lieu de travail ainsi que nos collègues, jusqu'à embrasser joyeusement notre patron ! Je plaisante à peine. Gavés de numérique pendant une bonne année, nous avons eu notre dose et préféré la liberté, le soleil, le souffle du vent et la chaleur humaine. Toutefois, il y a encore beaucoup à faire. La pandémie a donné un pouvoir prodigieux aux acteurs du numérique, qui estiment avoir gagné entre 3 et 7 ans dans leur plan de développement et leur transformation digitale, grâce à elle[53].

Avec l'ubérisation, les entreprises du Net passent désormais au-dessus des conventions sociales ainsi que de la loi du travail. Les CDD prolifèrent, les employés ne sont plus correctement assurés en cas d'accident du travail, le SMIC, ou revenu de base, se délite au profit de la rentabilité.

Les États sont endettés à des niveaux encore jamais atteints, profilant soit une rigueur budgétaire ressemblant plus à de l'austérité afin de rembourser leurs dettes, soit, comme cela s'est toujours produit dans l'histoire dans ce genre de situation, une guerre. Les différents gouvernements se retrouvent dans une situation délicate. L'argent devenant rare, la tentation de se soumettre aux géants du numérique afin de faire entrer des liquidités et de créer des emplois, même précaires, devient très forte, ce qui pourrait engendrer une passation de pouvoir, de la démocratie à la corpocratie.

Mais restons optimistes. Nous n'en sommes pas encore là. L'Europe, malgré un lobbying majeur, a tout de même mis en place un système de fiscalité concernant les GAFAM tout comme de nouvelles réglementations comme le DMA (Digital Market Act), le règlement sur les marchés numériques, fruit d'un accord obtenu en mars 2022 et applicable dès octobre de la même année. La priorité étant d'éviter les monopoles et donc l'emprise politique et économique qu'il peut en ressortir.

Quant au DSA (Digital Services Act), le règlement sur les services numériques, un accord a été finalisé en avril et a pour but de protéger les internautes. Thierry Breton, commissaire européen, résume l'objectif du DSA comme suit : « ce qui est interdit offline (dans la vie réelle) le sera aussi online (sur internet) ».

Un autre accord a été passé avec le président américain Biden afin de déterminer un plafond fiscal pour toutes les entreprises multinationales, les obligeant à payer un impôt dans les pays où elles font du profit. Pour terminer ce survol des mesures envers les géants de la tech, la France a sanctionné financièrement Google pour abus de position dominante dans la publicité en ligne[54].

Les choses bougent, mais doucement. Les lobbyistes freinent le plus possible, espérant ainsi, avec le temps, prendre le dessus en matière de puissance médiatique, financière... jusqu'à la bascule. Heureusement, les citoyens agissent et se mettent en action. Ils utilisent les médias sociaux afin de créer des chaînes de solidarité. Ainsi, dans de nombreux quartiers, de l'aide alimentaire est mise en place par des particuliers pour des particuliers. Le numérique est devenu un outil pour lutter contre les entreprises du numérique, ce que l'on pourrait nommer : le retour de bâton. Des groupes citoyens se forment sur les médias sociaux, réagissent les uns avec les autres, avec comme objectif de faire pression sur les gouvernements. Les sites de ventes de seconde main connaissent un essor extraordinaire, démontrant

Gabriel Pitt

qu'une consommation raisonnée peut contribuer au développement durable.

Nous assistons finalement à un moment tragique, dans le sens où tout peut vaciller d'un côté ou de l'autre : le despotisme numérique ou la néodémocratie. Ainsi, imaginons comment serait notre vie si nous avions la volonté de rester vivants. Nous pourrions faire le tour du monde à la voile ou en montgolfière. Pourquoi pas ?

Chapitre 19
Maître de son destin

« Si tu dois parier sur quelqu'un,
parie sur toi-même. »

Kobe BRYANT, sportif

Je crois que de plus en plus de gens commencent à ressentir un besoin existentiel : cesser de prétendre être des humains dans un monde virtuel et être réellement des humains, vivant et existant ensemble. Et je pense qu'ils commencent à réaliser que le moyen d'y parvenir est de développer une relation réfléchie, équilibrée et durable avec la technologie numérique et l'internet.

Une citation d'une autre époque prend tout son sens de nos jours : « Pour vivre heureux, vivons cachés ! » tout comme la fable de Jean-Pierre Claris de Florian, *Le Grillon*. Ce grillon se lamente en comparant son sort à celui d'un superbe papillon paradant dans les airs : « Dame Nature pour lui fit tout, et pour moi rien. » Mais lorsqu'il voit des enfants poursuivre le papillon et « déchirer la pauvre bête », le grillon change d'avis : « Oh ! Oh ! dit le grillon, je ne suis plus fâché ; Il en coûte trop cher pour briller dans le monde. »

Les médias sociaux répondent à beaucoup de nos besoins, certes, ils nous font briller, ou plutôt croire que nous brillons dans notre petit monde, mais c'est pour mieux nous séduire, dévorer notre temps et nos données. Alors qu'il y a tant d'autres activités dans la vie qui pourraient répondre avec plus de réalité à ces mêmes besoins.

Alors, pourquoi s'en faire ? Rien n'est perdu ! Retrouvons ainsi une dernière fois Madame Tout-le-Monde, mais désormais dans notre présent. Madame Tout-le-Monde se réveille un beau dimanche de printemps. Il est sept heures, le soleil brille à l'extérieur. Elle a le sourire. Il se trouve qu'elle travaille dans le *big data* et que son bureau, malgré le fait que son employeur ait daigné y mettre quelques plantes vertes, n'a pas de fenêtre. La seule lumière qu'elle reçoit est celle de son écran d'ordinateur et du néon au-dessus de sa tête. Elle passe ses journées à aligner des lignes de code. Enfin, après six jours d'enfermement grisant, Madame Tout-le-Monde va pouvoir profiter de la vie !

Elle s'installe dans sa cuisine, ouvre la fenêtre par laquelle pénètrent les premiers rayons de la journée. Elle contemple l'arbre qui lui fait face, le seul artefact naturel de son quartier. En ce mois de mai, ça gazouille, l'air est frais. Quant à son café, il lui réchauffe les mains. C'est l'heure de décider de ce qu'elle va pouvoir faire de son dimanche. Mille idées lui traversent l'esprit. Regarder une série sur Netflix, *scroller* la vie des gens sur Instagram ? Pas question, elle va prendre un grand bol d'air.

Encore en chemise de nuit, elle ouvre son dressing et choisit minutieusement ses vêtements. Une chemise, un pantalon en toile, des baskets. Elle regarde rapidement la météo sur son smartphone. Le temps s'annonce agréable. Elle le remet dans sa poche et s'en va gaiement de chez elle pour retrouver le monde, la nature, l'extérieur.

Au bout de dix minutes de marche paisible, Madame Tout-le-Monde atteint l'entrée d'un petit parc, lequel contient en son sein un étang. Elle décide d'en faire le tour, mais sans se presser, surtout pas! Elle a une idée en tête. Son appartement manque cruellement de décoration. Si elle pouvait l'agrémenter de jolies photos d'oiseaux et d'arbres, elle en serait la plus ravie des femmes. D'autant qu'elle a dernièrement téléchargé une application qui lui donne le nom de la faune et de la flore qu'elle prend en photo.

À chaque pas, son regard s'affûte et cherche, passant de la vision de près à celle éloignée. Soudain, en haut d'un arbre, sur une branche, un rouge-gorge se met à chanter. Si elle n'avait pas écouté, elle ne l'aurait pas vu. Elle attrape ainsi doucement son smartphone, active l'application et prend une photo. Le cadre est parfait! Le rouge-gorge est un *Erithacus rubecula* – European robin.

Madame Tout-le-Monde continue son chemin, allant de surprise en beauté de la nature. Sur l'étang, un cygne passe, c'est sa plus belle photo avec celle d'un cèdre d'une taille phénoménale. Elle a fini son tour et a pu prendre une quinzaine de photos avec son smartphone. Heureuse, le vent frais dans ses cheveux, elle s'en retourne chez elle, un grand sourire aux lèvres.

Quand elle arrive dans son appartement, il est déjà presque midi. Elle ouvre son réfrigérateur ainsi que ses placards et se demande bien ce qu'elle va pouvoir cuisiner. Elle dispose de carottes, de tomates, de pâtes, de veau, d'oignons, d'ail et d'herbes. Son premier réflexe est de chercher une recette sur Google. Le moteur de recherche lui trouve deux recettes qu'elle pourrait peut-être mitonner. Malheureusement, à chaque fois, il manque un élément important.

Madame Tout-le-Monde se sent frustrée. Que faire? Une solution lui vient à l'esprit: faire preuve d'imagination et créer son propre plat. Après tout, elle sait cuisiner. Ce seront donc des carottes sautées et leur bœuf à l'ail et aux fines herbes. Elle se met ainsi à concocter son plat avec un certain plaisir, tout en écoutant le *Requiem* de Verdi sur son enceinte connectée. Le repas est délicieux et le même oiseau gazouille toujours devant sa fenêtre. Après son déjeuner, Madame Tout-le-Monde se délasse sur son fauteuil. Il est à peine treize heures. Elle décide de lire un chapitre du dernier livre numérique qu'elle a acheté. C'est l'histoire d'un homme qui a perdu sa joie de vivre et qui la retrouve en faisant le tour du monde ainsi qu'en rencontrant les peuples de la Terre. Très rapidement, sa tête s'engourdit, elle pose sa tablette et se met à rêver de voyages, d'hommes et de femmes vivant dans la nature en harmonie avec eux-mêmes, de langues étranges et féeriques. Elle s'endort.

À la suite de cette petite sieste, Madame Tout-le-Monde se rappelle qu'elle a une dizaine de cadres entreposés dans son cagibi ainsi que du papier à photo qu'elle avait réservé dans un tiroir. Elle va pouvoir décorer son salon avec les clichés pris ce matin. Elle fait une sélection des plus belles, les imprime au format de ses cadres, découpe, colle, cloue. Son salon est désormais métamorphosé! Mais ce qui la met le plus en joie, c'est d'avoir travaillé de ses mains. Elle s'est sentie humaine… ce qui n'était pas arrivé depuis longtemps. Une vraie activité manuelle qui n'avait rien à voir avec celle de pianoter sur un clavier telle une automate. Madame Tout-le-Monde ne se lasse pas de regarder ses cadres sur le mur. Le cygne lui fait désormais un clin d'œil au-dessus de son canapé. Il faut fêter ça!

Elle prend son smartphone et se connecte à Messenger, sur Facebook. Elle fait partie d'un groupe. Dans celui-ci, il y a tous ses amis, les vrais, ceux de sa ville avec qui elle partage d'agréables moments, lorsqu'elle n'est pas trop éreintée par le travail, que ce soit en terrasse d'un bistrot ou pour un apéro. Elle leur propose de venir chez elle, s'ils le peuvent, afin de pendre la crémaillère. La plupart répondent favorablement, notamment Monsieur Tout-le-Monde.

Madame Tout-le-Monde pète la forme! Il ne lui reste qu'une heure avant l'arrivée de ses invités, juste le temps d'aller faire quelques courses à l'épicerie du coin, le seul magasin de la ville ouvert le dimanche. Elle sort de son appartement et se dirige vers sa voiture. Soudain, elle se rappelle qu'elle a toujours son vélo, bien rangé dans le garage collectif de son immeuble. Après tout, elle ira aussi vite à bicyclette et ça lui dégourdira les jambes.

L'air doux du printemps, en cette fin d'après-midi, lui souffle sur le visage à mesure qu'elle prend de la vitesse sur son deux-roues. En un rien de temps, elle arrive à l'épicerie et prend quelques bouteilles, du pâté, des amuse-bouches. Elle en profite pour parler un petit peu avec l'épicier. Une conversation somme toute banale, mais qui se révèle plaisante.

En sortant, elle comprend sa petite erreur. Comment transporter ses provisions avec son vélo qui n'a pas de panier? Elle se rappelle alors qu'elle est un être humain, elle pourra largement se débrouiller. Dès lors, elle coince les anses de son sac sur une de ses épaules, et repart en zigzag avec son vélo. Ce n'est finalement pas si compliqué, malgré deux ou trois frayeurs dans des virages serrés et le grand carrefour, connu pour sa dangerosité.

Il lui reste un quart d'heure avant l'arrivée de ses amis. Madame Tout-le-Monde s'active à tout préparer. La dernière bouteille ouverte, la sonnerie retentit. Ses amis arrivent un à un. L'apéritif peut commencer. Toutefois, Madame Tout-le-Monde s'inquiète : il manque une personne... Heureusement, elle entend frapper de nouveau. C'est Monsieur Tout-Le-Monde! Le moment est joyeux, tous les invités sont impressionnés par la qualité des photos de Madame Tout-le-Monde, ce qui la trouble un peu. Elle est, à dire vrai, très fière d'elle. On mange, on discute, on boit un peu. On rigole bien aussi. Monsieur Tout-le-Monde se rapproche de plus en plus de Madame Tout-le-Monde. Ou serait-ce l'inverse?

Il commence à se faire tard. Vingt-deux heures déjà. Demain, le travail reprend. La soirée est passée à une vitesse. Chacun des invités part au fur et à mesure. Jusqu'à ce qu'il n'en reste plus qu'un... Madame et Monsieur Tout-le-Monde sont sur le canapé, buvant un dernier verre de vin et refaisant le monde. Ils s'embrassent. Ce qui se passe ensuite ne nous regarde pas. Disons simplement que Madame Tout-le-Monde préfère cette nuit à celle où, habituellement, elle est seule dans ses draps froids. Toutefois, nous pouvons vous dire une dernière chose au sujet de cette journée. C'est que Monsieur et Madame Tout-le-Monde s'endorment amoureux, enlacés, chair contre chair. Comme deux êtres humains qui, pendant des années, se sont cherchés et viennent juste de se trouver.

Nous pouvons, nous-mêmes, retrouver cette joie de la nature. Ainsi, pour conclure ce chapitre, nous souhaitons vous parler du Shinrin-Yoku, qui signifie en japonais, « l'art et la science du bain de forêt ». La nature est une grande amie qui nous veut du bien. À noter qu'elle n'est pas rancunière, vu tout le mal qu'on lui fait... Le bain de forêt est ainsi considéré au Japon comme une pratique médicale ancestrale. Les recherches à son propos par le docteur Qing Li, expert en sylvothérapie, démontrent ses bienfaits. Quels sont-ils ?

Passer du temps au contact de la nature, marcher dans les bois ou simplement dans un parc, aménager son habitat avec des plantes et des fleurs ou bien encore y vaporiser des huiles essentielles impacte directement notre santé. Ceci réduit le stress et la tension artérielle, stimule notre énergie, améliore notre concentration ainsi que notre mémoire et provoque une perte de poids.

Dès lors, en prenant un grand bain de soleil et de verdure, finalement, nous nous recentrons sur nous-mêmes. Nos cinq sens se rappellent à nous. Nous sommes.

Chapitre 20
Comment booster sa vie ?

Oui, VOUS pouvez changer !

Il existe d'innombrables méthodes pour vivre une vie meilleure et plus heureuse. Cependant, peu d'entre nous savent comment échapper au piège numérique et surmonter les faiblesses de nos propres habitudes digitales. La méthode que je propose dans mon coaching peut améliorer le bien-être numérique de chacun.

Mais attention ! La maîtriser pour pouvoir l'appliquer en toutes circonstances, de manière presque inconsciente, demande un engagement personnel, une réelle volonté du corps et de l'esprit.

Le bien-être numérique ne consiste pas à revenir à l'âge de pierre, mais à mieux comprendre les outils qui nous entourent, afin de les utiliser et de bénéficier au maximum de leurs impacts positifs. Nous pouvons alors tirer le meilleur parti de notre temps, pour enfin faire ce que nous aimons vraiment dans la vie.

Notre méthode a justement pour but d'améliorer notre bien-être digital. Néanmoins, elle demande de l'investissement personnel, une véritable volonté du corps et de l'esprit, afin de la maîtriser, pour qu'elle devienne applicable en toutes circonstances, de façon presque inconsciente. Car le bien-être digital, en réalité, ce n'est pas revenir à l'âge de pierre, mais mieux comprendre les outils qui nous entourent, pour s'en servir et ainsi bénéficier au maximum de leurs intérêts positifs. Nous pouvons alors profiter davantage de notre temps pour enfin faire ce que l'on aime vraiment dans la vie.

Cette méthode comprend aussi bien des conceptions théoriques que des activités pratiques. Il s'agit de réapprendre à notre cerveau à découvrir les plaisirs du temps consacré à soi et aux autres sans être constamment à la recherche de stimulations digitales, lesquelles sont le plus souvent vaines ou sans grand intérêt.

Bien entendu, cette méthode demande une interaction humaine. Elle ne peut être apprise avec un simple livre, même si c'est un bon début. Néanmoins, nous pouvons ici vous en donner les grandes lignes afin, nous l'espérons, de stimuler votre envie de la découvrir de façon plus pratique par la suite.

La première chose essentielle, c'est de comprendre quel est le chemin que nous désirons suivre, au plus profond de nous. Qui désirons-nous être dans notre vie ? Où en sommes-nous ? En d'autres termes, poser les bases de nos désirs, de nos valeurs, de notre volonté d'être et de faire. Dès lors, nous pouvons entamer le changement que nous souhaitons instaurer dans notre vie.

Ensuite, comme nous l'avons décrit dans les chapitres précédents, il est primordial de comprendre l'économie de notre attention. Par quoi sommes-nous divertis sans vraiment l'être ? Quels sont les mécanismes qui nous poussent à vivre dans le numérique, plutôt que dans la vie réelle ?

Alors, nous comprenons mieux ce qui peut nous distraire, ce qui attire notre cerveau sans qu'on le veuille vraiment. C'est justement en analysant ces distractions que nous pouvons prendre le recul nécessaire et apprendre à nous en extraire. En prenant conscience des impacts que peuvent avoir ces distractions sur notre vie sociale, professionnelle, sportive ou amoureuse, nous découvrons à quel point nous perdons ce temps qui nous est si cher.

Le travail peut ensuite vraiment commencer. Nous sommes à même d'entamer notre nouvelle vie et de changer nos habitudes digitales. Mais qu'est-ce que le changement ? Quelles sont nos habitudes ? Tout ceci, il faut aussi le comprendre. Soit identifier notre routine afin de mettre en place un plan d'action pour, petit à petit, se détourner du numérique intempestif et composer avec lui, retrouver une vie qui nous procure un réel bonheur sur le long terme, entre modernité et vitalité.

Il est alors venu le moment de reconquérir notre temps. Il n'appartient qu'à nous et pourtant, les médias sociaux nous le volent allègrement. Se réapproprier son temps n'est pas une chose facile, toutefois, avec le soutien nécessaire, nous pouvons apprendre à le contrôler et redevenir maîtres de notre destin.

Enfin ! Tout est en ordre pour booster notre vie ! Pour réinvestir notre temps dans ce qui compte vraiment. Devenir la personne que nous avons toujours rêvé d'être. Pratiquer les activités qui nous attirent depuis longtemps, sans qu'à l'époque, nous n'arrivions vraiment à trouver la volonté de nous y mettre. *En une phrase : réaliser ses rêves et non regarder les autres réaliser les leurs...*

Conclusion
Nous voici à la fin... La fin d'un monde, le début d'un nouveau.

À travers cet ouvrage, nous avons tenté, bien humblement, de parcourir l'histoire de notre humanité, de la guerre du feu à celle des *data*.

Les êtres humains, depuis qu'ils se sont élevés, passant de quadrupèdes à bipèdes, ont toujours su regarder en avant. Leur esprit aventurier et inventif les a menés au-delà des forêts primaires, des montagnes, des océans, du ciel, jusqu'à l'espace et le vide. Dans toutes ces péripéties, les hommes et les femmes se sont souvent perdus, blessés et certains y ont même trouvé la mort. Toutefois, les meurtrissures des uns ont permis aux autres de continuer la longue route de la connaissance et de la découverte.

Le numérique est notre eldorado, les données sont une nouvelle ruée vers l'or, autant financier qu'intellectuel. Il permet à beaucoup de s'enrichir, à d'autres d'améliorer leurs connaissances, d'affiner leurs études. Cette profusion de nouveautés entraîne aussi bien du bon que du mauvais. Parfois même, les deux se mélangent.

Ce Nouveau Monde digital est là et bien là. Il influence toute la société humaine : son système administratif, pédagogique et scolaire, notre façon de communiquer, d'être en lien avec les autres, mais aussi les arts anciens, avec les sites de streaming pour le cinéma, les liseuses pour la littérature et les possibilités de visiter les plus grands musées, sans oublier l'apparition du jeu vidéo et du e-sport, qui est devenu un marché plus important encore que l'industrie du cinéma.

Le numérique joue aussi un nouveau rôle majeur dans le monde professionnel. Le télétravail va modifier nos sociétés en profondeur, avec un retour à la campagne pour beaucoup, un changement de la géographie humaine. Les villes se videront, les villages retrouveront une plus forte attractivité et activité. Les transports vont diminuer, les liens sociaux se diriger vers les loisirs plutôt que la collégialité. L'urbanisme en sera modifié. Peut-être même que nous assisterons au retour du gai rossignol, du merle moqueur et que nous chanterons à nouveau le temps des cerises.

Ainsi, comme nous l'avons expliqué tout au long de cet ouvrage, toutes les générations participent plus ou moins activement à cette nouvelle ère. Chacun à sa façon contribue au tout-numérique. Nous assistons de notre vivant à un changement anthropologique fondamental qui va modifier en profondeur nos corps et nos esprits.

L'*homo sapiens sapiens* est en voie d'extinction. Qui le remplacera ?

L'*homo numericus*...

Qu'est-ce que l'homo numericus ?

C'est nous, du moins notre avenir, après l'*homo faber* et l'*homo sapiens*... Dans le prolongement de ces expressions latines, voici maintenant venu le tour de l'*homo numericus*, qui représente une nouvelle étape du développement de l'humanité où l'activité humaine s'organise avec les technologies et les outils numériques.

Faisons donc un pas dans le futur et projetons-nous d'ici à vingt ans. Dessinons ce que sera l'humanité en 2040. Imaginons l'homme et la femme dans deux mondes parallèles : l'un où nous aurions dominé la technologie et l'autre, où elle nous aurait submergés.

Dans le premier, les outils du digital nous offriraient une plus grande liberté. Nous aurions un savoir instantané et diversifié, dont nous pourrions débattre avec nos semblables. Notre société serait mieux organisée par la Smart City et nous aurions une administration rapide et efficiente. Notre industrie et notre commerce seraient moins polluants et plus productifs, grandement aidés par l'intelligence artificielle. Notre système éducatif devenant plus ludique, nos enfants apprendraient plus vite, notamment grâce à leurs neurotransmetteurs davantage sollicités. La prise en charge de notre santé deviendrait optimale, car secondée par des outils informatifs concernant notre état physique et mental, notre activité sportive, notre alimentation. Nous serions des êtres éclairés, mieux équipés et prospères.

Dans le second, le numérique deviendrait une sorte de geôlier, les machines nous dictant ce que nous devrions faire en permanence. Insidieusement, elles prendraient le pas sur notre libre arbitre. Les multinationales les utiliseraient afin de mieux exploiter notre consommation dans un but de profit. Les États, devenus omniscients sur notre existence, noteraient notre bonne ou mauvaise conduite, autorisant ou non ensuite certaines de nos activités. Notre état de santé deviendrait déplorable, car hyperconnectés, nous serions sédentarisés à l'extrême. Notre corps ne serait plus suffisamment actif et développerait de l'obésité, des problèmes cardiovasculaires, des troubles mentaux. Concernant notre niveau d'érudition, il serait le même pour tous, notre cerveau n'étant alimenté que par le savoir officiel, historique et scientifique, propagé par les médias sociaux. Nous ne pratiquerions plus les mathématiques, nous n'apprendrions plus de langues, l'ordinateur exerçant ces fonctions à notre place. Nous deviendrions en somme des animaux dotés d'instruments technologiques.

Nous sommes à la croisée des chemins. À nous de décider en conscience quel *homo numericus* nous souhaitons devenir...

Retrouvons-nous quelques instants pour terminer

Message de l'auteur

Si vous avez apprécié la lecture de ce livre, n'hésitez pas à laisser un commentaire sur le site web auprès duquel vous l'avez acheté, ou à le publier sur les plateformes où vous aimez partager vos recommandations de lecture.

Partagez vos découvertes avec votre entourage

Devenez l'ambassadeur de vos nouvelles habitudes digitales et faites découvrir un extrait de ce livre à 1 personne de votre entourage par mail grâce au code QR ci-dessous.

De votre côté, accédez à 3 sets de 50' de nouveaux sons et musiques exclusives offertes.

Pour aller plus loin

Inscrivez-vous à FEEL GOOD, la newsletter qui fait du bien, une citation, une question, une astuce, un set de musique et sons de 50' et nos actualités envoyées toutes les deux semaines.

Envie de continuer à vous améliorer ?

Pour en savoir plus sur nos formations MASTER YOUR DIGITAL HABITS®, consultez le code QR ci-dessous.

Glossaire numérique

NOTA BENE : Ce glossaire, sans prétendre à l'exhaustivité, se veut utilitaire. Certains des mots ici présents ne sont pas inclus dans cette œuvre. Toutefois, il nous a semblé important de les insérer afin d'étayer plus encore la compréhension de ce Nouveau Monde... Celui du tout-numérique !

2.0 : définition de l'évolution d'Internet de 1.0 à 2.0. Souvent utilisé pour d'autres sujets afin d'exprimer une évolution palpable.

3G, 4G, 5G : réseau cellulaire destiné aux téléphones mobiles. Chaque nouvelle génération offre un meilleur débit Internet.

A

Addiction : la dépendance psychique est définie par le terme d'addiction alors que la dépendance physique et psychique est définie par le terme dépendance. Cette distinction permet de distinguer les solutions qui peuvent être envisagées pour aider les patients, ne présentant pas les mêmes symptômes et besoins. Une addiction définit un comportement qui est hors de contrôle et qui entraine des conséquences sur la santé.

Addictive Design : fonctionnalités ou aspects d'un appareil ou d'une application destinée à inciter l'utilisateur à l'utiliser fréquemment.

ADN : l'acide désoxyribonucléique est la molécule qui contient le code génétique d'un individu et se trouve dans toutes ses cellules.

Adulescent : l'adulescence peut se définir comme le prolongement de la crise de l'adolescence, au-delà de cette période. Ce terme a été inventé par les publicitaires et l'adulescence pourrait durer jusqu'à l'âge de 35 ans.

« Ajouter un ami » : le fait d'inviter une personne à rejoindre votre profil ou page sur un média social, inventé sur Facebook.

Algorithme : équation mathématique d'un programme informatique permettant de traiter la façon dont une personne utilise l'Internet ou une application et d'utiliser ces informations.

Always on : cette expression définit le comportement d'une personne qui est connectée en permanence à Internet grâce à la technologie et c'est également le fait toujours être disponible. Ce mot désigne aussi le nom d'une économie qui porte le nom de la Always-on economy.

Amazon : entreprise de e-commerce américaine créée par Jeff Bezos en 1994. Son siège est à Seattle et elle fut introduite en bourse au NASDAQ en 1997.

Analyse des données : fait partie des champs d'application des statistiques. Son objectif est la description de données conjointes. Trouver des liens entre différentes données et extraire les informations les plus significatives et pertinentes sont les activités clés de cette approche.

Anxiété : émotion désagréable se manifestant lors de la perception d'un danger ou d'un problème potentiel à venir. L'anxiété est un phénomène biochimique présent chez tous les êtres humains et contribue à notre survie, nous permettant d'éviter que les situations compromettantes se réalisent. L'anxiété peut être ressentie de manière excessive et porte alors le nom de troubles anxieux.

App : abréviation du mot « application », un programme téléchargé sur un smartphone, une tablette ou un ordinateur.

Apple : entreprise américaine qui crée, développe et commercialise différents produits électroniques. Apple a révolutionné plusieurs secteurs de cette industrie comme les smartphones, les tablettes, les ordinateurs, les applications mobiles, les logiciels ou encore l'achat et l'écoute de musique. Elle a été créée en 1976 et introduite en bourse en 1980.

Apple TV : appareil conçu par la société américaine Apple qui permet la communication entre un smartphone ou un ordinateur, et un téléviseur. Il est disponible depuis fin mars 2007 dans sa première version.

Attention : fait de remarquer un aspect de notre environnement interne ou externe en l'éclairant d'un « projecteur mental ». Elle indique un état de présence et peut être considérée comme le contraire de la distraction.

Avatar : image utilisée pour représenter un utilisateur en ligne, qu'il s'agisse de sa propre apparence ou d'une image imaginaire (par exemple, un personnage de dessin animé préféré).

B

Baby-boomer : personne née entre 1943 et 1960, soit après la Seconde Guerre mondiale, en Occident. Cette génération a connu les « Trente Glorieuses », période de fort développement économique et de stabilité.

Baidu : entreprise chinoise créée en 2000. Il s'agit d'un moteur de recherche qui ressemble à Google, présent uniquement en Chine. Baidu fait partie des sites Internet les plus visités au monde.

BATX : acteurs principaux chinois du numérique qui comprend les entreprises Baidu, Alibaba, Tecent, Xiaomi.

Béhaviorisme : discipline psychologique centrée sur les comportements observables et mesurables et qui se concentre sur le rôle de l'apprentissage dans la formation du comportement.

Big data : en français, grosses données. Données récoltées à grande échelle et qui nécessitent de fortes capacités de calcul pour être traitées. Des nouveaux métiers spécialisés se sont développés pour pouvoir traiter les informations contenues dans ces sources gigantesques, tout comme les outils permettant de les gérer.

Bien-être : état agréable résultant de la satisfaction des besoins du corps et du calme de l'esprit.

Bien-être digital : état optimal de santé et de bien-être que chaque personne utilisant la technologie est capable d'atteindre. Pour cela, chaque individu tentera de mieux comprendre les outils technologiques qui l'entourent, pour s'en servir au mieux et ainsi profiter au maximum de leurs intérêts positifs. Aussi, profiter davantage de son temps pour faire ce que l'on aime vraiment dans la vie et rester concentré sur ses objectifs afin de les réaliser.

Bien-être numérique : voir bien-être digital.

Big Tech : entreprise du numérique ayant un poids considérable dans les bourses occidentales.

Bilatérien : fait partie des métazoaires et a pour particularité de présenter deux axes de polarités (un côté gauche et un côté droit, contrairement aux éponges). Sont inclus dans cette classe les mammifères, les insectes, les mollusques, soit la majorité des animaux connus.

Binge watching : le fait de regarder plusieurs épisodes d'une émission de télévision ou d'une série, à la suite.

Bitcoin : monnaie numérique virtuelle décentralisée, faisant partie de la catégorie des cryptomonnaies, fonctionnant par un système de pair-à-pair permettant de s'affranchir de tout organisme tiers comme les institutions financières. Sa valeur a dépassé les 60 000 \$ et est retombée à environ 15 000 \$ à l'automne 2021. Le bitcoin est disponible sur la blockchain et a été créé par un groupe de personnes sous le pseudonyme de Satoshi Nakamoto en 2009.

Blockchain : chaîne de blocs en français. Technologie de partage permettant le stockage et la transmission d'informations ou de transactions, transparente, sécurisée par cryptographie et fonctionnant sans organe de contrôle. La blockchain a été créée en 2011 par Peter Smith, Ben Reeves et Nicolas Cary. Il s'agit d'une base de données créant des blocs d'informations à intervalles réguliers, formant une chaîne.

Bonheur : état de pleine satisfaction qui peut durer plus ou moins longtemps. Il se manifeste lorsque nous avons l'impression que nos besoins, nos désirs et nos aspirations sont atteints, provoquant un sentiment de plénitude et de sérénité.

Bot : robot Internet conçu pour ressembler à un humain dans sa façon de communiquer et d'interagir en ligne.

Boucle de rétroaction : dans le domaine de l'apprentissage, une boucle de rétroaction est une séquence de cause à effet dans laquelle des données (souvent sous la forme d'un « événement ») sont traitées sur la base de la reconnaissance d'un résultat. Ces données sont utilisées pour informer les décisions futures dans des situations similaires ou analogues. Dans la vie quotidienne, les boucles de rétroaction se produisent naturellement pour chacun d'entre nous, généralement sous la forme suivante : « Quand je fais X, Y se produit ». C'est une sorte de boucle dans le processus d'apprentissage.

Burnout ou syndrome d'épuisement professionnel : état dans lequel un individu se désengage de son activité professionnelle à son insu. Souvent, le burnout n'est pas repéré rapidement, car la personne ne réalise pas cet état. La combinaison d'un sentiment d'échec, de fatigue profonde et d'un sentiment d'incompétence sont les facteurs qui caractérisent le burnout.

Burn out digital : épuisement lié à la pression issue de l'utilisation des outils numériques. Le flux continu de stimuli reçus et émis pousse les personnes à un épuisement non contrôlé.

ByteDance ou Bytemod Pte Ltd. : entreprise chinoise de nouvelles technologies créée en 2012. Elle lance notamment en 2016 Douyin, une plateforme de partage de vidéos courtes, dont une version internationale est lancée en 2017 sous le nom de TikTok.

C

Cancel Culture : en français, « culture de l'annulation ». Il s'agit d'une approche destinée à annuler une personne de l'espace public et plus particulièrement sur Internet. Elle provient des États-Unis et se développe également dans les médias et le monde réel, plus particulièrement lorsque des propos ou des prises de position sont perçus comme inappropriés.

Canular informatique : en anglais, *hoax*. Mécanisme ayant pour objectif la création d'un contenu, souvent malveillant, et sa diffusion à grande échelle via des outils digitaux tels qu'un hyperlien ou un email. Internet est un vecteur qui permet une large et rapide diffusion du canular.

Captologie : de l'anglais *captology*. Concept d'analyse des comportements de l'utilisation informatique et des technologies. D'après ces analyses, il est possible de créer des mécanismes de persuasion et d'influence grâce aux outils numériques, comme la proposition de produits achetés par d'autres personnes sur un site de commerce en ligne.

Capture d'écran : photographie interne de votre écran pour capturer un moment ou une information apparaissant sur ce dernier.

CDD : contrat à durée déterminée.

Chat : image la plus vue sur les médias sociaux, notre compagnon de toujours.

Chat : désigne le processus de communication, d'interaction et/ou d'échange de messages sur Internet. Il implique deux individus ou plus qui communiquent par le biais d'un service ou d'un logiciel de chat.

Chatbot : outil informatique conçu pour entretenir des conversations avec des personnes de manière presque humaine.

CIA : Central Intelligence Agency. Agence de renseignement basée aux États-Unis et fondée en 1947.

Ciblage : technique marketing qui permet à l'annonceur de toucher un public cible bien défini lors de la diffusion d'une publicité.

Clickbait : « piège à clics » en français. Contenu web créé dans l'intention spécifique d'inciter les utilisateurs à cliquer sur son lien, souvent au moyen de titres tape-à-l'œil ou intrigants (par exemple : « Vous n'allez pas croire à quoi ressemble cette célébrité maintenant ! »).

Cloud : *cloud computing* ou, en français, « l'informatique en nuage ». Correspond à l'accès à des services informatiques de stockage à distance via Internet (le *cloud*) à partir d'un fournisseur.

Clubhouse : application de réseautage créée en 2020 et destinée à converser entre personnes, sans avoir recours à l'image. Elle fonctionne uniquement à la voix dans des espaces virtuels privatifs et est accessible uniquement sur invitation.

Coaching : peut-être défini comme un accompagnement ayant pour but d'améliorer la situation d'une personne ou d'un groupe de personnes dans la réalisation d'objectifs souhaités.

Coaching mental : le coaching traditionnel est une forme de développement personnel et professionnel permettant à une personne de se fixer des objectifs et de mobiliser ses ressources pour y parvenir. Le coaching est orienté vers le futur et des solutions. On peut donc partir d'un état présent où des besoins ne sont pas satisfaits pour aller vers un futur désiré où des besoins sont satisfaits.

Cognition : processus du cerveau consistant à absorber, comprendre et réfléchir à des informations.

Community manager : son rôle est d'animer, d'échanger et de faire vivre une communauté sur Internet dans le but de rapprocher les personnes intéressées par l'émetteur (une organisation, une marque, une entreprise). Plusieurs outils sont à disposition du community manager (CM) et le plus usité est la création de contenus digitaux diffusés sur les médias sociaux ou autres forums de discussion.

Confiance en soi : n'est pas identique à « l'estime de soi » qui se réfère à l'évaluation faite d'un individu de sa propre valeur. Selon certains psychologues, la confiance en soi est en rapport avec les capacités d'un individu et à atteindre un objectif.

Contrôle parental : options de réglage mises en place par les adultes afin de contrôler le type de contenu auquel un enfant peut avoir accès sur Internet ou à la télévision.

Cortisol : hormone appelée du « stress » qui régule les grandes fonctions de l'organisme. Elle est fabriquée dans les glandes surrénales. Elle a plusieurs fonctions : l'augmentation de la glycémie par le biais de la néoglucogenèse ; l'inhibition de certaines réponses du système immunitaire ; la régulation du métabolisme des lipides, protéines et glucides ; la régulation du cycle circadien (en complément de la mélatonine).

Crédit social : voir social score.

Cryptomonnaie : forme de monnaie numérique de pair-à-pair, échangée sur la blockchain. Les premières tentatives de lancer la cryptomonnaie remontent à 1989 et la création de l'entreprise Digicash par l'Américain David Chaum. Les cryptomonnaies les plus connues sont le Bitcoin et Ethereum.

Cyberdépendance : ou cyberaddiction. Désigne l'addiction à Internet et à l'usage excessif de ce service et de ses multiples applications. La communauté scientifique n'a pas encore trouvé de consensus sur le fait qu'il s'agisse d'une pathologie. Elle n'est donc pas reconnue comme telle par l'OMS.

Cyberhumains ou cyborgs : terme issu de la science-fiction, apparu dans les premières œuvres littéraires d'Edgar Allan Poe en 1843, tiré de l'anglais *cybernetic organism*. Définit un système où l'homme reçoit des parties mécaniques pour améliorer son fonctionnement.

Cyberintimidation : acte d'intimidation dans un contexte en ligne, y compris les messages menaçants, les commentaires grossiers et le partage d'informations embarrassantes.

Cyberharcèlement : définit le harcèlement mené sur Internet grâce aux outils numériques.

D

Défilement continu : (*infinite scroll* en anglais) fonctionnalité de certaines plateformes numériques de médias sociaux (comme Instagram et Pinterest) où un utilisateur peut continuer à faire défiler le contenu sans fin.

Dépendance : se réfère au fait de ne pas pouvoir se passer d'une substance ou d'un comportement, d'éprouver un besoin irrépressible de faire usage de cette substance ou de se livrer au comportement en question. La dépendance recouvre donc une large gamme de domaines : l'alcool, le tabac, les médicaments, les drogues, le sucre, le jeu, les pratiques sexuelles, les troubles alimentaires – anorexie, boulimie – l'automutilation, la dépendance affective, Internet, etc. La dépendance peut donc être soit physique, lorsque l'absence de consommation provoque des conséquences négatives sur notre organisme (crampes, vomissements, sueurs, etc.), soit psychologique, lorsque l'abstinence provoque un désir compulsif de consommer ou d'agir de nouveau.

Dépression : trouble de la santé mentale qui se caractérise par des sentiments permanents de tristesse, une perte d'intérêt pour les activités quotidiennes et un sentiment de désespoir.

Désensibilisation : exposition à quelque chose au point qu'il ne suscite plus la même réaction émotionnelle.

Désinformation : diffusion d'informations fausses ou inexactes.

Désintoxication numérique : voir digital detox.

Digital Detox : en français désintoxication numérique. Décrit une période durant laquelle une personne met de côté ses objets numériques pour se recentrer sur soi, par exemple lors d'un week-end. La détox digitale est un excellent moyen pour permettre à une personne de prendre conscience de ses habitudes digitales, mais aura des effets limités dans le temps.

Digital Millennium Copyright Act (DMCA) : loi américaine adoptée en 1998. Son objectif est de définir un cadre législatif relatif à la propriété intellectuelle concernant le numérique. En outre, il permet de protéger les auteurs victimes de violation de leurs droits.

Digital Natives : personnes nées entre la fin des années 1980 et le début des années 1990 ayant grandi avec Internet. Elles n'ont pas fait l'expérience de la vie sans le numérique. L'internet 1.0 les a accompagnés dès leur plus jeune âge.

Digital Well-being : voir bien-être digital.

Digital Wellness : voir bien-être digital.

DMA : le Digital Markets Act, ou législation sur les marchés numériques, est une proposition législative de la Commission européenne soumise au Parlement européen et au Conseil européen le 15 décembre 2020, préparée par Margrethe Vestager et Thierry Berton, adoptée le 14 septembre 2022 et applicable dès le 1er janvier 2023. L'objectif du DMA est de garantir l'équilibre des relations entre les plateformes numériques qui contrôlent l'accès aux marchés numériques et les entreprises qui désirent y accéder au sein de l'Union européenne.

Domotique : ensemble des technologies destinées à l'usage d'un bâtiment et à son optimisation. La domotique a pour but de centraliser les systèmes de gestion d'une maison ou d'un appartement. Cela peut être l'éclairage, le chauffage, l'eau, la surveillance ou l'efficience de l'isolation tout comme la gestion des réfrigérateurs et des stores.

Données : (ou *data* en anglais) éléments recueillis et pouvant être utilisés pour mesurer et déduire différentes informations.

Doom Scrolling : faire défiler les Informations « ou mauvaises nouvelles » sur les écrans sans vraiment y prendre garde et par automatisme. Le Doom Scrolling est facilité par le défilement continu qui n'a pas de fin. Cette activité peut avoir des conséquences psychophysiologiques négatives chez certaines personnes.

Dopamine : neurotransmetteurs du cerveau, une substance chimique qui transporte l'information entre les neurones. La dopamine aide à réguler le mouvement, l'attention, l'apprentissage et les réactions émotionnelles. Elle nous permet également non seulement de voir les récompenses, mais aussi d'agir pour les obtenir. Lorsqu'elle est sécrétée, elle nous procure une sensation de plaisir.

DSA : législation sur les services numériques, de l'anglais DSA, Digital Services Act. Proposition législative de la Commission européenne soumise au Parlement européen et au Conseil européen fin 2020, préparée par Margrethe Vestager et Thierry Berton, adoptée le 4 octobre 2022 et applicable dès février 2024, sauf pour les très grands acteurs d'Internet qui sont concernés dès 2023. Le DSA a pour objectif d'appliquer le principe de ce qui est illégal hors ligne en ligne pour mieux protéger les internautes, aider les développements des petites entreprises et atténuer les risques systémiques comme la désinformation, grâce à un meilleur contrôle des grandes plateformes.

Dysmorphie : trouble pour lequel une personne se concentre sur un ou plusieurs aspects de son corps qu'elle considère comme un défaut.

Dysmorphophobie : trouble pour lequel une personne se concentre sur un ou plusieurs aspects de son corps qu'elle craint être un défaut. Cette personne peut parfois s'inspirer des filtres proposés par des médias sociaux et désire vouloir ressembler à la version filtrée d'elle-même, pour corriger le défaut craint. Parfois, cela peut déboucher sur une intervention de chirurgie esthétique pour devenir comme la version filtrée de soi et réduire ce défaut craint.

E

Économie de l'attention : l'attention est une ressource finie, cela signifie qu'elle n'est pas extensible, alors que la quantité d'informations disponibles n'a cessé d'augmenter au fil du développement des médias et des canaux de distribution. L'attention est devenue de plus en plus monétisable, donnant naissance à une économie et à des acteurs ayant développé des approches afin d'attirer et de retenir l'attention de leurs audiences dans un but commercial, monétisant cette attention en échange de publicité. Plus le temps passé sur des médias est long, plus le nombre d'expositions à des publicités sera élevé et plus les revenus issus de ces publicités seront importants pour les acteurs de l'économie de l'attention.

Économie de la surveillance : récolte de données personnelles grâce à diverses technologies numériques de l'Internet. Source de profit pour un nouveau type d'entreprises : les data brokers ou les courtiers en données. Ce marché, bien que très peu connu, représente une valeur estimée à 200 milliards de $ en 2013 aux États-Unis. Les données récoltées sur Internet, souvent sans que l'utilisateur final ne soit au courant, ou ne s'en rende compte, sont vendues dans un but commercial.

Éducation aux médias : enseignement de la capacité de consommer, d'utiliser et de créer des médias de manière critique.

Émojis : petites images telles que des smileys, des aliments, des animaux et d'autres objets qui sont utilisés pour souligner des idées ou réagir à une déclaration lors de l'envoi de messages.

Émoticône : représentation d'émotions ou d'un ressenti par un ou plusieurs éléments graphiques placés dans un message envoyé par téléphone portable ou tout autre outil numérique. L'émoticône est l'ancêtre de l'émoji. Il a été créé sur la base des signes tels que), :, -, ou encore le chiffre 0, grâce aux touches disponibles sur les téléphones portables. Le plus connu est le smiley :-), devenu :).

Endorphine : neurotransmetteur du plaisir qui aide à lutter contre le stress. L'endorphine peut procurer une sensation de bien-être, voire d'euphorie. Elle est connue pour être sécrétée contre la douleur physique. Parfois appelée l'hormone du sport, elle permet la poursuite de l'activité physique, malgré la fatigue ou la douleur. On la retrouve dans le cerveau, la moelle épinière et le système digestif.

En ligne : être connecté à un réseau (Internet, téléphonie).

Ericsson : entreprise de télécommunications suédoise fondée en 1876.

Estime de soi : façon dont une personne se perçoit en termes d'acceptation sociale, de valeur et de sympathie (positivement ou négativement).

Éthique du design : comportement moral et les choix responsables dans la pratique du design. Elle guide la manière dont les designers travaillent avec les clients, les collègues et les utilisateurs finaux des produits, dont ils conduisent le processus de conception, dont ils déterminent les caractéristiques des produits et ils évaluent la signification éthique ou la valeur morale des produits qui résultent de l'activité de conception.

EU : expérience utilisateur (en anglais, UX pour *user experience*). Définit la manière dont un site web, une plateforme numérique ou une application a été pensée, développée et « designée » pour apporter un maximum de confort à l'utilisateur. Cette discipline inclut dorénavant des paramètres tels que l'apparence, le plaisir, l'émotion et l'esthétique. Elle ne se concentre désormais plus uniquement sur les aspects techniques telles la sécurité, la fiabilité ou l'efficacité, mais se veut pluridisciplinaire.

F

Facebook : média social en ligne créé en 2004 et qui a révolutionné le web 2.0. Facebook est la plateforme qui compte le plus d'utilisateurs au monde en 2022. Ses fonctionnalités ne cessent de se développer et les plus importantes sont les suivantes : se connecter avec ses amis, créer des groupes, publier des photos, des vidéos, commenter ces dernières, échanger des messages.

Facetime : application de vidéochat spécifique à l'iPhone/Apple, bien que le terme puisse être utilisé pour faire référence à tout type de vidéochat.

Fake news : en français, infox. Informations erronées ou mensongères créées et diffusées dans le but de tromper le destinataire. Des outils ont été développés sur le Web pour vérifier la véracité et l'exactitude d'informations.

Fatigue médiatique : épuisement psychologique dû à une surcharge d'informations provenant de n'importe quelle forme de média, bien qu'elle provienne généralement des médias d'information et des médias sociaux. L'avènement d'Internet a largement contribué à la fatigue médiatique avec de grandes quantités d'informations facilement accessibles et facilement diffusées. L'épuisement psychologique causé par la fatigue médiatique peut avoir plusieurs conséquences négatives, notamment une instabilité émotionnelle, un stress accru, un sentiment d'accablement ou une surcharge sensorielle. La fatigue médiatique peut alors conduire à l'évitement des médias ou à une sélectivité intentionnelle dans le type et la quantité de médias consommés.

Fil d'actualité : flux d'informations comprenant les publications des utilisateurs, les notifications et les publicités, sur la page d'accueil d'une plateforme de médias sociaux.

Filtre : superposition de couleurs, de saturation ou d'autres modifications qui changent l'apparence d'une image avant qu'elle ne soit publiée sur les médias sociaux.

FOBO (*Fear Of Being Offline*) **:** sentiment de peur généré par le fait de ne pas pouvoir se connecter sur Internet et de ne pas avoir accès aux outils numériques, parce que les batteries de ses appareils sont vides ou qu'il y a un problème de réseau.

Follower : personne (généralement un ami ou une connaissance) qui est en mesure de voir toutes les publications d'un utilisateur, de commenter et de partager du contenu.

FOMO (Fear of Missing out) : ou « la peur de rater quelque chose ». Acronyme apparu pour la première fois en 2004. Il définissait l'envie des étudiants du campus de Harvard de ne rater aucun moment de socialisation dans le monde réel, lors de la période post-attentats du 11 septembre 2001. Deux caractéristiques peuvent définir ce phénomène : la peur de rater une nouvelle importante ou une opportunité d'interagir socialement. Les plateformes technologiques telles que les médias sociaux exploitent cette vulnérabilité pour pousser les utilisateurs à revenir régulièrement et continuellement les visiter.

Fonctionnement exécutif : aptitudes mentales, notamment l'attention, l'organisation, la mémoire et le traitement de l'information, qui ont un impact sur le comportement.

Free hugs ou câlins gratuits : mouvement créé en 2004 à Sydney par Juan Mann qui était déprimé parce qu'il se sentait seul. Il a alors exhibé un panneau sur lequel était écrit « Free Hugs », dans le but de faire des accolades à des inconnus. Depuis lors, le mouvement n'a cessé d'être repris dans le monde par d'autres personnes, proposant des câlins gratuitement.

G

GAFAM (GAMAM) : principaux acteurs américains du numérique, soit Google, Apple, Facebook (Meta), Amazon et Microsoft.

Gameplay : définit la manière dont on joue un à jeu, le scénario, l'intrigue et la dramaturgie. Le design et l'ergonomie tout comme les sons ne doivent pas être confondus avec le *gameplay*.

Gamer : personne qui joue à des jeux vidéo, informatiques et d'autres jeux interactifs, et qui participe à des communautés de jeu en ligne.

Génération Alpha : catégorie de la population née après 2010. Elle suit la génération Z. La génération Alpha a grandi dans un monde hyper connecté et naviguant sur Internet avec une approche totalement différente de celle des générations précédentes. Elle représentera 2 milliards d'individus en 2025.

Génération X : différentes périodes peuvent définir la Génération X. Il s'agirait des personnes nées entre 1966 et 1981 selon Willam Strauss et Neil Howe. La particularité de cette génération, c'est qu'elle est « entre deux », intercalée entre les baby-boomers et la génération Y.

Génération Y ou millennials : comprend les personnes nées pendant les années 1980. Internet représente un outil très pratique qui les accompagne pour obtenir les réponses à ces questions. Cette génération présente différents traits de caractère par rapport à la génération X, à laquelle elle succède, et la génération Z qu'elle précède.

Génération Z : décrit les personnes nées entre 1997 et 2010 qui ont été exposées au numérique dès leur plus jeune âge, et n'ont pas connu le monde sans Internet. Outre Internet, cette génération est très portée sur les enjeux sociétaux et environnementaux de notre monde.

Ghosting : de l'anglais *ghost*, « fantôme ». Ce mot est utilisé pour illustrer la façon dont une relation avec une personne est interrompue, de manière abrupte, sans que la personne délaissée ne reçoive d'explications et ait une quelconque forme de contact avec la personne qui l'a « ghostée ».

GSM : Global System for Mobile Communications. Correspond, pour la téléphonie mobile, au standard numérique de deuxième génération, c'est-à-dire la 2G. Cette norme a été établie en 1982.

H

Habitude : aptitude à accomplir avec facilité et sans effort particulier d'attention tel ou tel genre d'actions, acquises par une pratique fréquente, l'exercice, l'expérience.

Hacker : en sécurité informatique, un hacker, francisé hackeur ou hackeuse, est un spécialiste d'informatique, qui recherche les moyens de contourner les protections logicielles et matérielles. Il agit par curiosité, à la recherche de la gloire, par conscience politique, contre rémunération, ou bien par vengeance ou envie de nuire.

Hashtag (#) : Le symbole #, lorsqu'il est ajouté devant un ou plusieurs mots, crée une étiquette thématique que les utilisateurs des médias sociaux peuvent rechercher lorsqu'ils recherchent des messages et du contenu sur le thème auquel le hashtag se rapporte.

Helvetica : police de caractères créée en 1957 par le Suisse Max Miedinger. Sans que les utilisateurs de différents outils technologiques soient forcément au courant, c'est l'une des polices les plus utilisées au monde, car elle est installée par défaut sur les produits de l'entreprise Apple.

Hoax : voir canular informatique.

Homo Numericus : après l'*Homo faber*, l'Homo sapiens et dans le prolongement de ces expressions latines, voici maintenant advenue l'ère de l'*Homo numericus*, une étape du développement de l'humanité où l'activité humaine s'organise autour des technologies et des outils numériques.

Homo sapiens : définit le primate originaire d'Afrique désigné comme étant l'homme moderne ou l'être humain sur l'échelle de l'évolution. Il est présent sur toute la planète sauf en Antarctique.

Homo sapiens sapiens : homme moderne ou homme de morphologie moderne qui regroupe les populations humaines vivantes et toutes celles qui les ont précédées. L'Homo sapiens sapiens dispose d'une capacité cérébrale élevée atteignant 1 450 cm^3 en moyenne. On pourrait dire que l'Homo sapiens sapiens est l'homme qui pense sa pensée.

Hors ligne : ne pas être connecté à un réseau (Internet, téléphonie).

Hug : câlin en français. Est une façon de montrer son amour et son affection à quelqu'un, de faire en sorte que l'autre personne se sente en sécurité et prise en charge.

Hyperconnexion : réception de notifications quasi ininterrompue provenant des mails, des médias sociaux et d'autres applications pouvant générer une sensation de stress. En voulant y répondre rapidement ou interagir dans la minute, on augmente notre niveau de stress et réduit notre capacité de concentration.

Hypercommunication : connexion permanente à Internet qui nous permet de recevoir et d'envoyer des informations via des outils technologiques et des applications de manière quasi ininterrompue.

Hyperscale : l'augmentation de la quantité de données requiert des capacités et infrastructures de traitement informatique massif dans le cloud ou pour les big data. L'approche hyperscale est pensée en architecture de serveurs évolutifs et sur des réseaux virtuels capable de fournir de très hauts niveaux de performance.

I

IBM : International Business Machines Corporation. Société multinationale américaine fondée en 1911, active dans les domaines informatiques.

IdO : voir Internet des objets.

Illectronisme : l'illettrisme définit l'incapacité d'une personne à maîtriser la lecture et l'écriture d'une langue, bien qu'elle puisse la parler. L'illectronisme est un néologisme qui est apparu au même moment que la technologie a évolué. Cela traduit un manque de connaissances des divers outils numériques, marginalisant une partie de la société se retrouvant dans l'incapacité de faire face aux nouveaux fonctionnements induits par la technologie.

Infinite scroll : technique de conception de plateformes numériques qui consiste à ajouter du contenu à l'infini lorsque l'utilisateur fait défiler une page.

Influenceur : dans le monde digital, un influenceur est une personne ayant créé une notoriété auprès d'une communauté spécifique grâce soit à son expertise de certains domaines ou son exposition médiatique. Son influence s'exerce principalement sur les médias sociaux, par le biais de création de contenus tels que photos et vidéos. L'influenceur est perçu comme un relais d'opinion capable d'avoir un impact sur les décisions et comportements d'achats de sa communauté et peut être engagé par des marques pour faire la promotion de produits ou de services contre certains avantages.

Infobésité : phénomène définissant la surabondance d'informations ayant un impact négatif sur une personne en consommant trop.

Infodivertissement : de l'anglais *infotainement*. L'information classique étant devenue moins attractive, une nouvelle forme d'information intégrant le divertissement a vu le jour dès les années 1990 aux États-Unis. Cette approche rend les informations plus accessibles et plus faciles à assimiler, augmentant la quantité « consommée » par l'audience.

Infotainment : voir infodivertissement.

Instagram : plateforme de médias sociaux sur laquelle les utilisateurs peuvent publier des images et de courtes vidéos, partager des messages à partir de profils publics, commenter, envoyer des messages privés et participer à des chats vidéo.

Intelligence artificielle : (IA). Discipline de l'informatique qui ambitionne de simuler l'intelligence humaine par différentes théories et techniques modernes.

Internet : désigne un réseau informatique mondial interconnecté permettant d'accéder et de transférer des données entre ordinateurs et serveurs grâce à un protocole de transferts uniformisé. Les applications utilisant Internet sont, par exemple, le World Wide Web, le streaming, l'envoi de courrier électronique, le partage de fichiers de pair-à-pair, le podcasting, les messageries instantanées, entre autres.

Internet des comportements : IoC, de l'anglais IoB, littéralement *Internet of Behavior*. Discipline découlant de l'*Internet of Things*, soit l'Internet des objets. L'internet des comportements désigne le champ d'études qui comprend la récolte, l'analyse, la compréhension de données sur l'être humain et ses comportements. L'objectif recherché est de pouvoir ensuite influencer ces comportements dans un but précis, comme l'amélioration de l'image d'une entreprise, de ses ventes ou encore de l'expérience client. L'IoC n'est pas seulement descriptive par l'analyse des données, mais aussi proactive par la détection des variables psychologiques à influencer pour obtenir un certain résultat. Un exemple est l'ajustement du bouton like ou la possibilité d'émettre un avis non plus grâce au prisme « j'aime » ou « je n'aime pas », mais d'y ajouter une des six émotions primaires (joie, tristesse, dégoût, peur, colère, surprise) par l'intermédiaire d'émojis, permettant ainsi d'avoir une compréhension bien plus fine de l'état émotionnel d'un utilisateur.

Internet des Objets : IdO, de l'anglais *Internet of Things* (IoT). Approche décrivant la manière dont les objets connectés récoltent des données sur les utilisateurs, ajoutant une dimension numérique à des objets physiques. Grâce à ces nouvelles possibilités de récolte de données, de nouveaux champs d'études peuvent être explorés pour mieux comprendre les comportements humains.

Interréalité : cohabitation entre le monde réel et le monde virtuel. Il s'agit d'un espace que chaque individu expérimente au quotidien dans lequel les relations sociales et l'identité sociale s'expriment de façon plus flexible et dynamique, faisant dorénavant partie de notre environnement, grâce à l'émergence des médias sociaux.

IoT : *Internet of Things*, voir internet des objets.

iPhone : smartphone commercialisé par l'entreprise multinationale américaine Apple depuis le 29 juin 2007 qui a révolutionné les technologies numériques.

iPod : baladeur numérique lancé le 23 octobre 2001 par l'entreprise multinationale américaine Apple.

iTunes Store : service de vente de musique lancé le 28 avril 2003 aux États-Unis par l'entreprise multinationale américaine Apple.

L

Liker : du verbe anglais *like* qui signifie aimer. Liker est beaucoup utilisé sur les médias sociaux pour dire que l'on apprécie quelque chose.

Live Stream : diffusion d'une situation en temps réel sur Internet ou sur une plateforme de médias sociaux.

Logiciel : programme nécessaire au fonctionnement d'un ordinateur et lui permettant d'effectuer des tâches.

LPD : loi fédérale sur la protection des données. Loi-cadre suisse qui englobe la protection des données et de la personnalité. Elle est entrée en vigueur en 1992.

Lumière bleue : émise par des écrans, l'exposition à la lumière bleue peut perturber le cycle circadien et avoir un impact sur la qualité de l'endormissement ou du sommeil.

Lurker/Lurking : personne présente sur un média social, un forum ou une page web, mais qui ne participe pas ; le fait de regarder les autres participer à une activité sans y participer soi-même.

M

Machine Learning ou apprentissage automatique : capacité d'un ordinateur à apprendre par lui-même et à s'améliorer sans intervention humaine. Cette discipline fait partie du domaine de l'intelligence artificielle et son développement est basé sur les mathématiques et les statistiques.

Mainstream : populaire, largement connu, tendance.

Marketing personnel : ou *personal branding*, ou « marketing de soi-même ». Fait d'analyser le profil d'une personne et ses valeurs, de définir ses objectifs ainsi qu'une stratégie de communication pour les atteindre. Sur cette base, un positionnement, une image souhaitée, les moyens de communication à utiliser, le ton à employer sont déterminés afin de créer une image et une réputation choisies dans le monde virtuel et le monde réel.

Médias : terme collectif désignant les différents types de communication de masse (télévision, ordinateurs, téléphones, etc.).

Médias sociaux : plateformes numériques donnant la possibilité aux personnes de se connecter, d'échanger des messages et des contenus tels que vidéos et photos et de les commenter, grâce à Internet. L'avènement des médias sociaux a totalement changé le rapport à soi-même et aux autres, incitant les individus à vivre deux vies : une vie dans le monde réel et une vie dans le monde virtuel. Le terme médias sociaux est confondu avec le terme réseaux sociaux, plus usité dans le langage courant en français, ce dernier définissant un rapport social entre personnes, sans l'aspect des médias.

Mentor : personne ayant accumulé une grande expertise grâce à ses expériences et capable d'accompagner d'autres personnes en les orientant sur des aspects importants de leur vie.

Mésinformation : informations diffusées, fausses ou inexactes.

Messagerie directe (DM ou PM) : moyen de communiquer en privé avec une ou plusieurs personnes sur une plateforme de médias sociaux.

Messenger : système de messagerie instantanée créé en 2011 par la société Facebook. Facebook et Instagram ont intégré Messenger progressivement. C'est devenu un outil incontournable pour les utilisateurs de ces deux plateformes technologiques.

Metaverse : monde virtuel immersif créé par un programme informatique dans lequel un individu peut se déplacer, interagir socialement, acheter des produits et des services, grâce à son avatar qui est une représentation de lui-même, digitalisée. Le metaverse, contraction des mots Meta Universe, est un espace dans lequel des individus peuvent s'adonner à toutes les activités du monde réel. Il est possible d'y accéder par un casque de réalité virtuelle.

#MeToo : mouvement social encourageant la prise de parole des femmes, afin de libérer leur parole sur des sujets auparavant tus, tels le viol et les agressions sexuelles.

Microsoft : entreprise informatique américaine, fondée en 1975 par Bill Gates et Paul Allen.

MMS : de l'anglais *Multimedia Messaging Service*. En français, « service de messagerie multimédia ». Permet d'envoyer et de recevoir des contenus multimédias par messages sur les téléphones mobiles.

Montre connectée : en anglais *Smartwatch* (« montre intelligente »). Présente les mêmes fonctionnalités qu'un smartphone, telles que l'envoi et la réception de messages, les appels téléphoniques, la consultation de son agenda ou des informations. Elle dispose également d'options d'analyses de données sanitaires, grâce au contact avec la peau, comme l'activité cardiaque, la mesure de la pression artérielle, la qualité du sommeil ou encore l'activité physique.

Mossad : institut pour les renseignements et les affaires spéciales est l'une des trois agences de renseignement d'Israël.

Motorola Inc. : entreprise américaine spécialisée dans l'électronique et les télécommunications, fondée en 1928 par Paul Galvin.

MP3 : fichier audio compressé, c'est-à-dire dont la taille a été réduite, tout en conservant une qualité acceptable pour l'oreille humaine. Le MP3 est le format musical le plus répandu dans le monde.

Multitâche ou Multitasking : terme anglophone qui prend sa source dans l'ingénierie informatique, désignant un type de système d'exploitation dit multitâche, capable de traiter en même temps plusieurs programmes informatiques. Il a ensuite été décliné pour s'appliquer à l'humain, désignant désormais le fait de pratiquer plusieurs activités en même temps et plus précisément d'utiliser plusieurs moyens de communication de manière simultanée.

N

NASDAQ : National Association of Securities Dealers Automated Quotations. Bourse de valeurs ouverte en 1971. Elle a pour particularité d'être le plus grand marché électronique d'actions au monde. Les plus grandes entreprises technologiques américaines y sont enregistrées.

Néo-démocratie : possibilité d'avoir une démocratie plus active et profonde, via le numérique.

Net : voir Internet.

Netflix : entreprise multinationale américaine créée en 1997 par Reed Hastings et Marc Randolph. Elle est active dans la production, la distribution et l'exploitation de films et de séries pouvant être visionnés par streaming et sur abonnement.

Neuromarketing : discipline émergente intégrant la neuroscience cognitive dans l'approche du marketing et de la communication. Elle a pour objectif de mieux comprendre les comportements psychologiques humains afin de pouvoir influencer plus précisément les émotions, les envies, le choix et les décisions induits par les composantes du marketing que sont la publicité, les prix, la communication, le packaging, le design ou encore l'expérience client, entre autres.

Neurosciences : étude du fonctionnement du système neveux dans une approche transdisciplinaire (notamment neurobiologie, chimie, mathématiques, bio-informatique, neuropsychologie). Cela inclut les éléments les plus petits comme les molécules et s'étend à l'ensemble du corps humain.

Neurotransmetteurs : composés chimiques libérés par les neurones et assurant la transmission d'informations entre les cellules nerveuses. Ils jouent un rôle central dans notre système nerveux. Les neurones peuvent être influencés de trois manières par les neurotransmetteurs : excitatrice, inhibitrice ou modulatrice. Les plus connus sont la dopamine, la sérotonine, l'ocytocine, l'endorphine ou encore la noradrénaline.

NFT : jeton non fongible (de l'anglais *non-fungible token*). Définit une propriété numérique comme unique et authentique. La donnée est stockée et encryptée sur la blockchain, soit un registre numérique et public, attribuant à son ayant droit la propriété sous la forme d'un jeton numérique.

Nokia : entreprise de télécommunication finlandaise fondée en 1865 par Fredrik Idestam et Leo Mechelin. Incontournable sur le marché des téléphones mobiles à la fin des années 1990 avec la commercialisation de modèles emblématiques de l'évolution de la téléphonie mobile, elle perd le leadership du marché à la faveur de Samsung en 2011.

Nomophobie ou mobidépendance : peur excessive de ne pas avoir accès à son smartphone.

Notification push : message apparaissant sur un outil numérique (ordinateur, tablette, smartphone, smartwatch) pour vous avertir d'une nouvelle information.

Nudes : voir sexting.

Nudge Marketing ou marketing incitatif : approche marketing pouvant être traduite par « coup de pouce » ayant pour objectif d'inciter une personne à accomplir une action sans qu'elle n'ait d'effort pour le faire et que cela soit à moindre coût pour l'initiateur. Le nudge marketing existe tant dans le monde réel que dans le monde numérique.

Numérique : utilisation d'une technologie informatisée.

O

Obésité : excès de masse graisseuse pour le corps d'une personne selon sa taille. L'IMC, soit l'indice de masse corporelle, est évaluée selon le rapport entre le poids et la taille en mètre, au carré. Le résultat est évalué sur une échelle indiquant si une personne est en sous poids ou en obésité sévère.

Ocytocine : l'un des neurotransmetteurs les plus importants du corps humain, également connue sous le nom de « produit chimique de l'amour ». Elle est fréquemment sécrétée lorsqu'une mère allaite son enfant, lorsque nous avons un orgasme, lorsque nous établissons un contact visuel, lorsque nous sommes avec des amis.

OMS : Organisation mondiale de la santé (OMS). Agence spécialisée pour la santé publique de l'Organisation des Nations unies (ONU), créée en 1948.

Overshare : en français « surpartage ». Raconter et partager trop de choses sur sa vie sur Internet.

P-Q

Partage : publication d'un élément sur les médias sociaux créé par un tiers pour que votre réseau y accède.

Pensée critique : évaluation et analyse d'un élément d'information permettant d'émettre un jugement sur sa valeur ou son exactitude.

Personal branding : voir marketing personnel.

Phubbing : contraction des mots phone et snubbing en anglais. En français, contraction des mots téléphone et snober. Le phubbing désigne l'art d'ignorer une personne ou alors de ne pas écouter ses propos en consultant son téléphone.

PIB : produit intérieur brut. Moyen de mesurer la création de valeur d'un pays durant une année. Cette notion trouve son origine au cours du xviie siècle, mais le PIB a été créé officiellement aux États-Unis par Simon Kuznets en 1934. En 1944, le PIB devient le principal outil pour mesurer l'économie d'un pays.

Plaisir : sensation agréable et de satisfaction lorsqu'un besoin, un désir, une activité gratifiante sont accomplis, en lien avec le système de la récompense et la dopamine. Le plaisir est de courte durée et ne doit pas être confondu avec le bonheur qui, lui, correspond à un état agréable de satisfaction durable. Le bonheur a pour origine la production de sérotonine.

Playstation : console de jeux vidéo créée et commercialisée par Sony Computer Entertainment dès 1994.

Podcasts : programmes de type radio qui peuvent être écoutés par le biais de services de streaming audio, allant des reportages d'actualité aux récits de fiction.

Profil : vue d'ensemble autocréée de qui est une personne, de ce qui l'intéresse et de tout autre détail qu'elle pourrait vouloir partager dans un contexte en ligne.

Psychologie : science qui étudie et traite l'esprit, les comportements, les sentiments, les pensées et les processus mentaux. La psychologie a fait l'objet de travaux dès la fin du xixe siècle. Les chercheurs les plus connus sont Sigmund Freud, John Watson, Ivan Pavlov, Burrhus Skinner, Carl Rogers, Abraham Maslow, entre autres. Les champs d'exploration sont variés entre les théories comme le béhaviorisme ou le cognitivisme et ses applications comme l'économie comportementale, la psychologie de la santé ou la psychologie de l'enfant pour n'en citer que quelques-unes.

Publicités : images ou vidéos conçues pour inciter une personne à adopter un comportement ou à entreprendre une action comme l'achat, la participation à une activité ou l'engagement pour une cause. Elle peut être diffusée sur différents canaux de communication comme la télévision, les médias sociaux ou les plateformes de vidéos en ligne. Les publicités, grâce à l'avènement d'Internet et de la collecte de données, peuvent être ciblées en fonction des intérêts et des recherches antérieures de l'utilisateur, de sorte que le spectateur soit plus susceptible de prêter attention à la publicité.

QR code : ou « code QR » en français. Sert à accéder, grâce au scannage par une caméra de smartphone, tablette ou webcam, à des données et informations disponibles sur une page web. QR signifie quick response, soit en français « réponse rapide ». Techniquement, il s'agit d'un code-barres en deux dimensions.

R

Rating : note attribuée à quelque chose ou à quelqu'un pour décrire sa qualité.

Réagir : montrer une émotion envers une publication ou un message sur un média social ou une plateforme de messagerie en fonction de l'émoji spécifique choisi.

Réalité augmentée : fonction dédiée pour smartphones et autres outils technologiques permettant de visualiser des éléments graphiques en trois dimensions dans le monde réel. Développée et démocratisée principalement pour les jeux tels que Pokémon Go où les participants pouvaient utiliser leur téléphone pour « repérer » des Pokémon dans leur environnement réel, elle fait l'objet d'autres champs d'applications comme la lecture, la visite de lieux d'habitations en construction ou l'essai d'habits ou d'accessoires comme des lunettes, ou encore la visualisation d'informations en direct comme lors de performances sportives.

Réalité virtuelle : cadre ou environnement entièrement généré par ordinateur et qui donne l'impression d'être réel. Permet la simulation d'une présence physique. Un utilisateur, à l'aide de capteurs spéciaux, peut se « déplacer » dans l'environnement virtuel grâce à un casque de réalité virtuelle et mettre en éveil ses sens.

Reddit : forum en ligne où les utilisateurs peuvent partager et commenter des publications dans un flux continu de contenu.

Reels (Instagram) : permettent aux utilisateurs de créer des vidéos attrayantes, amusantes et courtes en utilisant un catalogue de musique et de médias Reels générés par les utilisateurs sur Instagram.

Régulation émotionnelle : également connue sous le nom d'autorégulation, il s'agit de la capacité à remarquer nos émotions, les identifier correctement et utiliser des stratégies pour les gérer de manière à favoriser la santé mentale et le bien-être.

Renforcement positif et renforcement négatif : terme psychologique définissant un procédé qui peut accroître la probabilité de la répétition d'un comportement. Cet effet de renforcement positif ou négatif a été étudié dès 1950 par le Dr. Skinner, qui fut un pionnier dans l'exploration de ce domaine, grâce à des expériences sur les rats et les pigeons.

Repost : voir partage.

Réseau social : groupe d'individus ou de groupes interconnectés.

Résilience : initialement, la résilience se rapporte à la capacité d'un matériau à résister à un choc, ou à sa capacité à rebondir. Son utilisation a été élargie à d'autres éléments comme un corps, un organisme, une espèce, une structure ou une organisation, comme les entreprises, à surmonter un changement de son environnement.

Retweet : action de partager le Tweet de quelqu'un d'autre sur votre propre plateforme de médias sociaux ; spécifique à Twitter.

RGPD : de l'anglais GDPR pour *General Data Protection Regulation*. Traduit en « règlement général pour la protection des données », il s'agit du règlement européen sur la protection et le traitement des données personnelles des personnes physiques. Promulgué le 27 avril 2016 par le Parlement européen, il s'agit du texte de référence en matière d'unification et de protection au niveau européen.

Robot : automate construit sur une base mécanique, informatique et électronique, conçu pour remplacer l'humain dans l'exécution de tâches pénibles ou difficiles. La robotique, discipline scientifique et industrielle, s'est largement développée depuis le début des années 2000.

Rythme circadien : horloge interne du corps qui nous aide à rester éveillés le jour et à dormir la nuit. Le rythme ou cicle circadien a fait l'objet d'études poussées, couronnées par la remise d'un Prix Nobel de médecine en 2017 à 3 chercheurs.

S

SaaS : pour *Software as a Service*. En français, « logiciel en tant que service ». Modèle d'affaires ayant pour but de commercialiser des plateformes numériques installées sur des serveurs distants apportant un service aux particuliers ou aux entreprises contre paiement d'un abonnement. Un service de création de newsletters et de gestion de contacts peut être assimilé à un SaaS.

Scroll : défilement sur un écran.

Selfie : photo qu'une personne prend d'elle-même, souvent postée sur les médias sociaux.

Sérendipité : fait d'éprouver une sensation de plaisir lorsque l'on découvre quelque chose que l'on n'avait pas prévu. L'architecture d'Internet et des médias sociaux composée d'hyperliens est un environnement favorable pour ressentir ces plaisirs découverts involontairement au fil des clics et des défilements de pages.

Sérotonine : fait partie de la famille des neurotransmetteurs, elle est impliquée dans la régulation des états de vigilance et d'humeur, tous comme la perception de notre statut social. Elle contribue à notre bien-être à long terme.

Sexting : échange de contenus sexuellement explicites par messagerie.

Sharenting : utilisation excessive des médias sociaux pour discuter de choses personnelles concernant les enfants et/ou les expériences en tant que parent, pouvant être à l'origine de l'embarras de l'enfant.

Smartphone : ou téléphone intelligent. Inventé par IBM en 1992 et suivi par d'autres fabricants, le smartphone a connu un essor fulgurant lorsque Apple, dirigé par Steve Jobs, a lancé l'iPhone, premier smartphone disposant d'un écran tactile multipoints, en 2007. Le smartphone est le successeur du téléphone mobile qui avait pour fonctionnalité principale les appels et l'envoi de messages courts. Outre un écran tactile, les smartphones disposent d'un appareil photo et d'un large éventail d'applications pouvant assister l'utilisateur au quotidien. Il est connecté à Internet, ce qui permet la transmission et la réception de données.

Smartwatch : voir montre connectée.

SMS : de l'anglais *short message system*. Aussi appelé texto, fonctionnalité des téléphones portables et des smartphones permettant de transmettre de courts messages, créée en 1992.

Snap : une brève vidéo, une photo ou un message individuel posté sur la plateforme de médias sociaux Snapchat qui disparaît après une période de 24 heures.

Snapchat : plateforme de médias sociaux américaine créée en 2011 sur laquelle les utilisateurs peuvent partager des photos et de courtes vidéos et envoyer des messages privés. Bien connu pour ses options de filtres.

Social proof : voir validation sociale.

Social Score ou système de crédit social : objectif d'un système de score social est d'élaborer des comportements socialement acceptables, de promouvoir la bonne conduite et de contrôler une société sur la base des normes et des valeurs qui la régissent à travers l'attribution de points sur une échelle de cinq, par exemple.

Sony : société multinationale japonaise fondée en 1946. Elle s'est développée dans de nombreux domaines tels que l'électronique, la téléphonie, l'informatique, le jeu vidéo, la musique, le cinéma et l'audiovisuel.

Spotify : service suédois de streaming musical créé en 2006 sous la forme d'un logiciel propriétaire et d'un site web. Son modèle d'affaires est basé sur la distribution numérique de morceaux de musique, de podcasts, tout comme de livres audios accessibles gratuitement ou par abonnement.

Statut : déclaration qu'un utilisateur écrit et partage sur ses pages de médias sociaux pour décrire un sentiment, un lieu, une action/réaction, demander des conseils.

Steve Jobs : (1955-2011) entrepreneur et inventeur américain, fondateur de l'entreprise Apple, active dans le domaine électronique grand public. Il fut à l'origine de plusieurs révolutions dans cette industrie, avec par exemple le lancement de l'iPod, de l'iTunes Store, de l'iPhone ou de l'iPad.

Story : brève vidéo, photo ou message publié sur Instagram qui disparaît après une période de 24 heures.

Streaming : diffusion et réception de contenu médiatique sur un appareil telles qu'un smartphone, une tablette, un ordinateur ou une télévision.

Stress numérique : phénomène qui réduit nos capacités lorsque la pression liée à tous les stimulis digitaux est trop grande. Peut se manifester chez certaines personnes lors de la réception de notifications, de messages ou d'informations diverses. En France, le nombre de cartes SIM actives, 80 millions, dépasse le nombre d'habitants, 66 millions. De plus, au moins trois réseaux sont simultanément disponibles pour plus de 99 % de la population. Cette expression identifie les conséquences du nouveau paradigme psychosocial amené par les technologies numériques, auquel est associé un caractère addictif. En France, le stress numérique concerne près d'un salarié sur trois.

Système de récompense : aussi appelé circuit de la récompense, il est au centre de notre activité mentale et oriente tous nos comportements. Il va contribuer fortement à notre survie, nous permettant d'adopter les bons comportements comme l'action, l'évitement de dangers, la recherche de nourriture, la reproduction ou la prise de risques. La dopamine est le neurotransmetteur étroitement lié au système de la récompense. Une fois produite, elle apporte une sensation de plaisir lorsque notre objectif est atteint.

T

Tablette : appareil mobile qui fonctionne de la même manière qu'un ordinateur portable, mais qui est plus petit, plus transportable et doté d'un écran tactile.

Tag : moyen d'identifier une personne ou un thème sur une photo ou un texte publié en ligne qui, lorsqu'on clique dessus, renvoie à la page de médias sociaux de cet utilisateur, ou du thème.

Teams : application de communication collaborative lancée en 2016 par Microsoft. Elle permet à ses utilisateurs, entre autres, de participer à des visioconférences et d'échanger des messages instantanés.

Technoférence : terme définissant l'interruption des échanges et de la communication entre personnes causée par la technologie. Il a été décrit par Brandon McDaniel, particulièrement dans les interactions entre parents et enfants, réduites à cause des smartphones.

Temps d'écran : désigne le temps passé sur les différents écrans tels que télévisions, ordinateurs, jeux vidéo, tablettes, smartphones et autres dispositifs technologiques. Il peut être consulté et connu grâce à des fonctionnalités développées à cet effet.

Temps protégé : concept de bloquer du temps dans son calendrier où rien d'autre ne peut être programmé, afin d'optimiser la gestion du temps et éviter d'en perdre.

TikTok : plateforme de diffusion vidéo créée en 2016 par ByteDance où les utilisateurs peuvent publier et visionner de courtes vidéos qui seront vues par d'autres utilisateurs. TikTok a été l'application la plus téléchargée au monde en 2020.

Timeline : sur Facebook, la liste de tout ce que vous avez déjà publié et de tout ce qui a été partagé directement avec vous.

Transhumanisme : concept ayant pour objectif d'améliorer la condition humaine par des procédés et des techniques visant à augmenter les capacités physiques et mentales des êtres humains. Le but ultime de ce mouvement est de supprimer le vieillissement et la mort.

Transmédia : élaboré par Henry Jenkins en 2003, le terme original, *transmedia storytelling*, soit « narration transmédia », définit la conception et la diffusion d'une œuvre sur plusieurs médias afin de développer une expérience enrichie.

Travail hybride : combinaison qui permet à une personne de travailler sur son lieu de travail et à distance, par exemple à la maison (télétravail). Ce mode de fonctionnement mixte permet de tirer parti des avantages des deux modes de travail et d'offrir une plus grande flexibilité à l'entreprise et à ses employés.

Tristesse : sentiment de mécontentement ou d'abattement ; peut être causé par un certain nombre d'expériences internes ou externes.

Troll : comportement utilisant l'envoi ou la publication de messages, sur Internet ou sur les médias sociaux, visant des personnes ou des entreprises, et capables de générer des polémiques.

Tweet : publication sur la plateforme de médias sociaux Twitter avec un maximum de 280 caractères.

U

Ubérisation : phénomène et approche inspirés du modèle économique d'Uber consistant à mettre en relation un fournisseur indépendant et un client grâce à la technologie. L'innovation dans ce modèle réside dans le fait que la plateforme de mise en relation n'est pas l'employeur et donc pas soumise au paiement de charges sociales, qui sont supportées par le fournisseur indépendant. De nombreuses plateformes numériques ont vu le jour depuis le lancement d'Uber, reprenant ce modèle d'affaires.

Utilisation consciente de la technologie : objectif d'utiliser la technologie essentiellement lorsqu'il est avantageux pour nous de le faire.

Utilisation consciente des médias : réflexion régulière sur la façon dont l'utilisation des médias vous fait sentir par rapport à vous-même ou aux autres, sur la fréquence à laquelle vous y avez recours et sur la façon dont vous pourriez améloirer votre consommation des médias. Utilisation des appareils personnels, des applications, des services et des plateformes en ligne de manière éclairée, avec un but précis, et une autonomie personnelle.

V

Validation sociale : décrit un principe de psychologie sociale qui est un besoin fondamental pour l'humain. Selon ce principe, un individu aura tendance à vouloir conforter son point de vue ou sa prise de position par l'approbation d'autrui. Les médias sociaux sont d'une très grande efficacité pour obtenir cette validation par son cercle d'amis ou de connaissances, disponible en quelques clics.

Vie privée : capacité, pour une personne ou pour un groupe de personnes, de s'isoler afin de protéger son bien-être, ses données personnelles et son intimité.

Viral : rapidement répandu, partagé sur plusieurs plateformes médiatiques connectées à Internet.

Virtuel : désigne des éléments de simulation tridimensionnels ou dématérialisés. Par exemple : communauté située sur le web ou sur un autre moyen de communication interactif permettant d'échanger des informations.

Visioconférence : permet d'organiser une conférence à distance, de voir et d'entendre les participants, grâce à des outils numériques, via leurs écrans et leurs haut-parleurs.

VPN : de l'anglais *Virtual Private Network*, soit « réseau virtuel privé ». Permet de relier des ordinateurs entre eux, afin d'isoler leurs échanges du traffic internet.

W

Walkman : baladeurs à cassette produits par la marque Sony et commercialisés dès 1979.

WAP : de l'anglais *Wireless Access Protocole*. Protocole qui avait pour but de connecter des périphériques sans fils à des réseaux câblés ou Internet à l'aide d'une connexion radio. Le WAP peut être qualifié d'ancêtre de l'Internet mobile, disponible sur les téléphones mobiles disposant de petits écrans. Seuls des textes ou des dessins simples pouvaient être transmis.

Web 1.0 à 4.0 : description de l'évolution d'Internet à nos jours et son évolution future.

We Chat : application mobile de messagerie textuelle et vocale créée en 2011 par l'entreprise chinoise Tencent Holdings Limited.

Web : World Wide Web ou www. Système de pages interconnectées fonctionnant sur Internet. Le web est aussi appelé toile d'araignée. Il a été inventé en Suisse au CERN à Genève en 1989 par Tim Berners-Lee et n'a cessé de se développer depuis sous différentes formes, du Web 1.0 ou Web 4.0. Il ne s'agit pas que de pages et de sites consultables sur Internet. Il permet aussi de partager des messages via courriers électroniques, des fichiers de pair-à-pair ou d'organiser des visioconférences.

Webex : WebEx Communications Inc. est une société américaine fondée en 1996 et propriété de Cisco. Elle propose des services logiciels de visioconférences et de webconférences.

WhatsApp : application mobile créée en 2009 aux États-Unis et propriété de META. Sa fonction consiste en l'envoi et la réception de messages, d'images et de vidéos instantanées, chiffrés de bout en bout.

Wi-Fi : ou WLAN. Protocole de communication sans fil. Permet de relier différents appareils entre eux pour faciliter la transmission de données.

Wikipédia : encyclopédie en ligne libre multilingue créée en janvier 2001 par Jimmy Wales et Larry Sanger.

Y-Z

YouTube : plateforme de diffusion de vidéos créée en 2005 aux États-Unis et propriété de Google. Les utilisateurs peuvent regarder, publier ou commenter des vidéos gratuitement.

Zoom : plateforme de visioconférence créée en 2011 aux États-Unis pour des réunions, des cours et des rencontres sociales virtuelles dont l'usage a été largement popularisé durant la pandémie de Coronavirus.

Zoom Fatigue : terme apparu durant la pandémie Covid-19, lorsque le moyen de communication principal entre collègues était la visioconférence. L'absence d'expérience sur ce mode de communication et son utilisation excessive a pu générer de la fatigue mentale chez certains employés, à force de passer beaucoup d'heures derrière leurs écrans.

Note de fin d'ouvrage

1 – Économie de l'attention
L'économie de l'attention : entre protection des ressources cognitives
et extraction de la valeur, Emmanuel Kessous, Kevin Mellet et Moustafa
Zouinar, juillet-septembre 2009, Open Edition Journals
https://journals.openedition.org/sdt/14802

2 – Selfies et intérêt social
Virtual makeover: Selfie-taking and social media use increase selfie-
editing frequency through social comparison, Jiyoung Chae, 17th of
October 2016, Science Direct
https://www.sciencedirect.com/science/article/abs/pii/
S0747563216307051

3 – Évolution de la messagerie instantanée
The evolution of Instant Messaging, Jeff Desjardins, 16th of November
2016, Visual Capitalist
https://www.visualcapitalist.com/evolution-instant-messaging/

4 – Révolution numérique
What Is The Digital Revolution?, TechNews HQ, 17 février 2023
https://www.techbusinesshq.com/what-is-the-digital-revolution/

5 – Marshall McLuhan
Marshall McLuhan, un penseur des médias à part, Robert Boure,
Hypotheses, 15 décembre 2021
https://sms.hypotheses.org/24026

6 – Histoire des jeux mobiles
The History, Evolution, and Future of Mobile Gaming, Kaavya
Karthikeyan, 30th of June 2022
https://www.gameopedia.com/the-history-evolution-and-future-of-
mobile-gaming/

7 – Pourquoi aime-t-on jouer
Pourquoi on aime tant les jeux, auteur inconnu, 23 décembre 2012, *Le Parisien*
https://www.leparisien.fr/archives/pourquoi-on-aime-tant-les-
jeux-23-12-2012-2429395.php

8 – Histoire des caméras sur les téléphones
La caméra du smartphone, au coeur de l'innovation et de l'usage,
Chistophe Romei, Services Mobiles, 10 août 2020
https://www.servicesmobiles.fr/la-camera-du-smartphone-au-coeur-de-
linnovation-et-de-lusage-s01e05-62674

Gabriel Pitt

9 – MMS – Multimedia Messaging Service
Qu'est-ce que la messagerie multimédia ? Le service de messagerie MMS», Power Textor, date inconnue
https://powertextor.com/blogs/what-is-mms-messaging-defining-multimedia-messaging-service/

10 – La loi de Moore
La Loi de Moore définie simplement, La rédaction JDN, date de parution inconnue, mis à jour le 19 février 2019, Journal du Net
https://www.journaldunet.fr/web-tech/dictionnaire-du-webmastering/1203331-loi-de-moore-definition-traduction

11 – Notre évolution
L'histoire de la Terre et de la vie..., C.R., Hominides, date inconnue
https://www.hominides.com/chronologie/chronoterre/

12 – Les entreprises en quête de notre addiction
Les entreprises partent à la conquête de l'addiction, Franceinfo & Brut, 2 juillet 2019, Franceinfo & Brut
https://www.francetvinfo.fr/sante/decouverte-scientifique/video-quand-les-entreprises-partent-a-la-conquete-de-l-addiction_3517547.html

13 – L'importance du câlin
8 benefits of hugs, Aylin Stefany Rodriguez Vinasco, 14th of April 2021, My Salud.com
https://muysalud.com/en/health/8-benefits-of-hugs-according-to-science/

14 – La curiosité épistémique
La curiosité épistémique, Jordan A. Litman, Encyclopedia of the Sciences of Learning, 2012
https://link.springer.com/referenceworkentry/10.1007/978-1-4419-1428-6_1645

15 – L'addiction de l'information
Common neural code for reward and information value, Prof Ming Hsu and Kenji Kobayashi, 11th of June 2019, PNAS
https://neurosciencenews.com/information-addiction-brain-14274/

16 – L'intérêt de l'ennui
Boredom, Susanne D. Moeller, Summer 2010, The world UNPLUGGED
https://theworldunplugged.wordpress.com/emotion/boredom/

17 – Nos usages en une minute
Ce qui se passe en une minute sur Internet en 2023 :
90 statistiques en ligne fascinantes, Stephanie Heitman, Localiq, 5 mai 2023.
https://localiq.com/blog/what-happens-in-an-internet-minute/

18 - Notre identité sur les médias sociaux
Psychologie des médias sociaux, de la technologie à l'identité, Giuseppe Riva, Brenda K. Wiederhold, Pietro Cipresso, 2016
https://www.degruyter.com/document/doi/10.1515/9783110473780-003/html

19 – Durée d'utilisation des écrans (voir aussi 34)
JAMES, Jeunes, activités, médias, enquête suisse, Pr Daniel Süss,
24.11.2022, ZHAW
https://www.zhaw.ch/storage/psychologie/upload/forschung/
medienpsychologie/james/2018/Raport_JAMES_2022_fr.pdf
Temps passé par jour par Français sur mobile, Médiamétrie, 24
novembre 2021, Médiamétrie
https://www.mediametrie.fr/fr/les-jeunes-toujours-plus-accros-leur-
smartphone

20 – Qu'est-ce que le renforcement ?
La théorie du renforcement, Andew Zola, Tech Target, May 2022.
https://www.techtarget.com/whatis/definition/reinforcement-theory

21 – Médias sociaux et mémoire
Social media 'likes' change the way we feel about our memories, David
Beer and Benjamin Jacobsen, 15th of April 2021, The Conversation
https://theconversation.com/social-media-likes-change-the-way-we-
feel-about-our-memories-new-research-156149
Endless scrolling through social media can literally make you sick, Julia
Sklar, 17th of May 2021, *National Geographic*
https://www.nationalgeographic.com/science/article/endless-scrolling-
through-social-media-can-literally-make-you-sick-cybersickness

22 – Le racisme dans le sport
Kylian Mbappé : les médias sociaux doivent lutter contre le racisme,
mais les acteurs doivent aussi agir, Eoin McSweeney, Becky Anderson et
Adam Pourahmadi, 5 janvier 2022, CNN
https://edition.cnn.com/2022/01/05/football/kylian-mbappe-social-
media-ctw-spt-intl/index.html

23 – Médias sociaux en ligne et réseaux sociaux hors ligne
Do online social media cut through the constraints that limit the size of
offline social networks?, R.I.M Dunbar, 1st of January 2016, The Royal Society
https://royalsocietypublishing.org/doi/10.1098/rsos.150292

24 – Amnésie numérique
Digital Amnesia Revisited, Zoe Tan, 18th of November 2019, Kaspersky
https://usa.kaspersky.com/blog/digital-amnesia-revisited/18847/?utm_
source=youtube&utm_medium=social&utm_campaign=us_report_
zt0106&utm_content=link&utm_term=us_youtube__zt0106_link_social_
report

Impact d'internet sur notre mémoire
The Google Effect & Transactive Memory: We remember Where data is
more than What it is!, Adyta Shukla, October 4, 2020, Cognition Today
https://cognitiontoday.com/the-google-effect-transactive-memory-we-
remember-where-data-is-more-than-what-it-is/

25 – Le syndrome du FOMO
Fear of missing out: un bref aperçu de l'origine, des fondements
théoriques et de la relation avec la santé mentale", Mayank Gupta and
Aditya Sharma, 6 juillet 2021, National Library of Medicine.

https://www.ncbi.nlm.nih.gov/pmc/articles/PMC8283615/

26 – La Captologie
La captologie, ou l'influence par la technologie, Andrea Ostojic,
Septembre 2017, Sciences humaines
https://www.scienceshumaines.com/la-captologie-ou-l-influence-par-
la-technologie_fr_38711.html

27 – Contrôler son activité numérique
Notre intégrité numérique est à conquérir, Grégoire Barbey, Alexis
Roussel, Catherine Framery, 21 mai 2021, *Le Temps*
https://www.letemps.ch/societe/gregoire-barbey-alexis-roussel-
integrite-numerique-conquerir

28 – Bubble Filter
Filter Bubble, Margaret Rouse, 17th of May 2018, Techopedia, Margaet
Rouse, "Filter Bubble", Techopedia, 17th of May 2018.
https://www.techopedia.com/definition/28556/filter-bubble

29 – Facebook nous connaît mieux que nos amis
Computer-based personality judgments are more accurate than those made
by humans, Wu Youyou, Michal Kosinsky, David Stillwell, January 12, 2015
https://www.pnas.org/doi/full/10.1073/pnas.1418680112

30 – Interaction avec son smartphone
Putting a Finger on Our Phone Obsession, Michael Winnick and Jess
Mons, 2016
https://dscout.com/people-nerds/mobile-touches

31 – Prix d'une adresse pour envoi publicitaire
https://www.publicitepostale.com/prix-distribution-de-flyers
https://www.post.ch/fr/expedier-des-lettres/flyer/promopost?cmpg=x1ls_
x2promopost_x3201701_x4fr_x5adwo_x6google_x7605547_x8text&gclid
=CjwKCAjwyaWZBhBGEiwACslQoyWywwgMyEz7upMD9c6Io7t1lMjXBu
EhnILqCUI3lm7Q842mP1C-XhoCwWcQAvD_BwE&gclsrc=aw.ds#quick

32 – L'or gris
The Value of data, Vasudha Thirani & Arbind Gupta, 22nd of September
2017, World Economic Forum
https://www.weforum.org/agenda/2017/09/the-value-of-data/

33 – Piratage de données
Données de 92 % des utilisateurs en vente en ligne, Reuters, 29 juin
2021, 20 Minutes
https://www.20min.ch/fr/story/donnees-de-92-des-utilisateurs-en-vente-
en-ligne-956469954116

Collecte de données
Ce qu'il faut savoir sur la collecte de nos données personnelles, Clarisse
Pastore, 10 mars 2019, MBAMCI
https://mbamci.com/donnees-personnelles-ce-quil-faut-savoir/

34 – Temps d'écrans de 2 à 18 ans
The Common Sense Census: Media Use by Kids Age Zero to Eight, 2017,

Victoria Ridedout, 2017, Common Sense
https://www.commonsensemedia.org/research/the-common-sense-census-media-use-by-kids-age-zero-to-eight-2017
https://www.commonsensemedia.org/sites/default/files/research/report/csm_zerotoeight_fullreport_release_2.pdf
Zero to Eight Children's Media Use in America, Victoria Rideout, 2013, Common Sense
https://www.ftc.gov/sites/default/files/documents/public_comments/california-00325%C2%A0/00325-82243.pdf
Electronic Media in the lives of Infants, Toddlers, Preschoolers, and their parents, Victoria Rideout, 2006, Henry J. Kaiser Family Foundation
https://www.kff.org/wp-content/uploads/2013/01/7500.pdf
Horaires d'enseignement des écoles maternelles et élémentaires, Ministère de l'éducation nationale de la jeunesse et de sports, Arrêté du 9 novembre 2015
https://www.education.gouv.fr/bo/15/Hebdo44/MENE1526553A.htm

35 – La simple présence d'un smartphone réduit nos capacités cognitives
The Mere Presence of Your Smartphone Reduces Brain Power, Study Shows, Ryan Ward, Kristen Duke, Ayelet Gneezy, Maarten Bos, November 2, 2017
https://news.utexas.edu/2017/06/26/the-mere-presence-of-your-smartphone-reduces-brain-power/

36 – Diminution de la mémoire
1/3 of Americans Suffer from Digital Amnesia, auteur inconnu, 20 septembre 2021, Panda
https://www.pandasecurity.com/en/mediacenter/news/digital-amnesia-survey

37 – Utilisation manuelle du smartphone
Studie: Deutsche scrollen jeden Tag durchschnittlich 173 Meter auf ihren Smartphones, OnePlus, 20 septembre 2019, OnePlus
https://schwartzpr.de/newsroom/oneplus/studie-deutsche-scrollen-jeden-tag-durchschnittlich-173-meter-auf-ihren-smartphones/

38 – Distraction au travail
The cost of interrupted work: more speed and stress, Gloria Mark and Daniela Gudith, 2006
https://news.gallup.com/businessjournal/23146/too-many-interruptions-work.aspx
https://www.ics.uci.edu/~gmark/chi08-mark.pdf How Distractions At Work Take Up More Time Than You Think, Blake Thorne, 13th of February, I Done This Blog
http://blog.idonethis.com/distractions-at-work

39 – Le numérique au service de la surveillance professionnelle
Microsoft 365 : le « score de productivité » accusé d'encourager la surveillance des employés, Samuel Kahn, 27 novembre 2020, Le Figaro
https://www.lefigaro.fr/secteur/high-tech/microsoft-365-le-score-de-productivite-accuse-d-encourager-la-surveillance-des-employes-20201127

40 – Impact sur le bien-être et la productivité des employés
Impact d'Internet et des médias sociaux sur le bien-être et la productivité des employés, essai de Gabriel Pitt, 22 juillet 2022, www.gabrielpitt.com
https://www.gabrielpitt.ch/employeeswellbeingandproductivity

41 – Se déconnecter pour une meilleure vie privée
Tout savoir sur le droit à la déconnexion, Sylvie Laidet-Ratier, 28 septembre 2022, Cadre Emploi.
https://www.cadremploi.fr/editorial/conseils/droit-du-travail/tout-savoir-sur-le-droit-a-la-deconnexion

42 – Impact sur la performance des sportifs d'élite
L'impact d'Internet et des médias sociaux sur les performances des sportifs d'élite, essai de Gabriel Pitt, juillet 2022, www.gabrielpitt.com
https://www.gabrielpitt.ch/internetandsocialmediasimpactonperformance

43 – Impact sur la créativité
Impact d'Internet et des médias sociaux sur les artistes, les créatifs et leur créativité, essai de Gabriel Pitt, juillet 2022, www.gabrielpitt.com
https://www.gabrielpitt.ch/internetandsocialmediasimpactoncreativity

44 – Impact du numérique sur les influenceurs
Impact d'Internet et des médias sociaux sur les influenceurs, essai de Gabriel Pitt, juillet 2022, www.gabrielpitt.com
https://www.gabrielpitt.ch/internetandsocialmediasimpactoninfluencers

45 – Influenceurs et cyber harcèlement
Deux influenceuses romandes nous parlent de cyber-harcèlement, Margaux Habert, Marie-Adèle Copin, Sainath Bovay, 29 juin 2021, Watson
https://www.watson.ch/fr/divertissement/vidéo/801588766-deux-influenceuses-romandes-nous-parlent-de-cyber-harcelement

46 – Explication sur le cyberharcèlement
Cyber-harcèlement : pourquoi les ados sont-ils si cruels en ligne ?, Clothilde Bru, 2 février 2022, Konbini
https://www.konbini.com/fr/engagees/cyber-harcelement-pourquoi-les-ados-sont-ils-si-cruels-en-ligne/

47 – Danger des médias sociaux pour les enfants et préadolescents
I wish I was wearing a filter right now': why tweens need more emotional support to deal with social media, Claire Pescot, 7th of December 2020, *The Conversation*
https://theconversation.com/i-wish-i-was-wearing-a-filter-right-now-why-tweens-need-more-emotional-support-to-deal-with-social-media-149876

48 – Diminution de l'espérance de vie
Nos enfants pourraient avoir une espérance de vie plus courte que la nôtre, Marie-Pierre Genecand, 1er juin 2021, *Le Temps*
https://www.letemps.ch/opinions/nos-enfants-pourraient-une-esperance-vie-plus-courte
La sédentarité des jeunes est «une bombe à retardement» pour le

cardiologue François Carré, Etienne Bonamy, 16.04.2022, *L'Humanité.fr*
https://www.humanite.fr/sports/sport/la-sedentarite-des-jeunes-est-une-bombe-retardement-pour-le-cardiologue-francois-carre-746173

49 – Toujours plus de likes!
How do "Likes" Affect the Well-Being of Teens?, auteur inconnu, 22 juillet 2021, GRWHealth
https://www.grwhealth.com/post/how-do-likes-affect-the-well-being-of-teens-2

50 - Impact des smartphones sur nos sens
Les smartphones affaiblissent-ils nos sens ? Doug Shield, Daily Mail, 7 septembre 2021
https://www.dailymail.co.uk/femail/article-9965647/Are-smartphones-WEAKENING-sense-smell-touch-hearing-taste.html#comments

51 – Consommation énergétique du numérique
Faire prendre conscience des conséquences de l'usage des écrans connectés pour l'environnement, Jean-Claude Domenjoz, 5 mai 2020, Educations aux médias
https://educationauxmedias.ch/faire-prendre-conscience-des-consequences-de-usage-des-ecrans-connectes-pour-environnement

52 – Enquêtes sur les jeunes en Suisse
JAMES, Jeunes, activités, médias, enquête suisse, Pr Daniel Süss, 24.11.2022, ZHAW
https://www.zhaw.ch/storage/psychologie/upload/forschung/medienpsychologie/james/2018/Raport_JAMES_2022_fr.pdf

53 – Nouveaux monopoles
La crise rend les géants de la tech plus puissants encore, Anouch Seydtaghia, 1er mai 2020, *Le Temps*
https://www.letemps.ch/economie/crise-rend-geants-americains-tech-plus-puissants
L'impact Covid sur la digitalisation des entreprises : synthèse de l'étude McKinsey, L'équipe talkspirit, 28 décembre 2020, Talkspirit
https://blog.talkspirit.com/impact-covid-digitalisation-entreprises-etude-mckinsey/
Quelles entreprises ont été les gagnantes - et les perdantes - de la pandémie de coronavirus ? 18 mai 2020, BBC
https://www.bbc.com/afrique/monde-52653673
How COVID-19 has pushed companies over the technology tipping point—and transformed business forever, Laura LaBerge, Clayton O'Toole, Jeremy Schneider, Kate Smaje, October 5, 2020, McKinsey
https://www.mckinsey.com/business-functions/strategy-and-corporate-finance/our-insights/how-covid-19-has-pushed-companies-over-the-technology-tipping-point-and-transformed-business-forever

54 – DMA, DSA, taux d'imposition de 15 % et actions légales contre les GAFAM
Numérique : que sont le DMA et le DSA, les projets européens de régulation d'internet ?, Vincent Lequeux, 29.03.2022, Toute l'Europe.eu

Gabriel Pitt

https://www.touteleurope.eu/economie-et-social/numerique-que-sont-le-dma-et-le-dsa-les-projets-europeens-de-regulation-d-internet/
La communauté internationale conclut un accord fiscal sans précédent adapté à l'ère du numérique, OCDE, 08.10.2021
https://www.oecd.org/fr/presse/la-communaute-internationale-conclut-un-accord-fiscal-sans-precedent-adapte-a-l-ere-du-numerique.htm
L'Autorité de la concurrence sanctionne Google à hauteur de 220 millions d'euros pour avoir favorisé ses propres services dans le secteur de la publicité en ligne, Autorité de la concurrence, 7 juin 2021, Autorité de la concurrence.fr
https://www.autoritedelaconcurrence.fr/fr/article/lautorite-de-la-concurrence-sanctionne-google-hauteur-de-220-millions-deuros-pour-avoir
DSA : l'Europe s'accorde pour mettre au pas les géants du net, Julien Lausson, 23.04.2022, Numerama

https://www.numerama.com/politique/934567-dsa-digital-services-act-tout-savoir.html

Recommandation

Les conseils émis dans cet essai ne remplacent pas une consultation chez un spécialiste de la santé ou tout autre traitement et ordonnance. En cas de doute, je vous recommande de prendre rendez-vous chez votre médecin.

Imprimé à la demande par Amazon

Editions FGP, Case postale, 1095 Lutry

Dépôt légal : décembre 2022

Concept, musiques et sons : Gabriel Pitt

Photographies et images : Gabriel Pitt, Gian Cescon, Dscout, Benny Tâche

Crédit photo de profil Gabriel Pitt : Benny Tâche

Couverture : Lisa Tonelli

Conseil éditorial et mise en page : Marie Anne Zoé Abt

MASTER YOUR DIGITAL HABITS®
est une marque protégée et déposée.

Printed by Amazon Italia Logistica S.r.l.
Torrazza Piemonte (TO), Italy